Productividad Feel Good

Ali Abdaal

Productividad Feel Good

Si la meta es el éxito, la felicidad es el camino

Traducción de Gema Moraleda

Planeta

Obra editada en colaboración con Editorial Planeta – España

Título original: *Feel-Good Productivity : How to Do More of What Matters*

Publicado por primera vez como *Feel-Good Productivity* en 2023 por Cornerstone Press, un sello de Cornerstone. Cornerstone es parte del grupo Penguin Random House

Bajo el sello editorial PLANETA M.R.
Avenida Presidente Masarik núm. 111,
Piso 2, Polanco V Sección, Miguel Hidalgo
C.P. 11560, Ciudad de México
www.planetadelibros.com.mx

Primera edición impresa en España: octubre de 2024
ISBN: 978-84-08-29271-5

Primera edición impresa en México: enero de 2025
Primera reimpresión en México: abril de 2025
ISBN: 978-607-39-2222-7

Impreso en los talleres de Impregráfica Digital, S.A. de C.V.
Av. Coyoacán 100-D, Valle Norte, Benito Juárez
Ciudad de México, C.P. 03103
Impreso en México – *Printed in Mexico*

Para Mimi y Nani, por todo su amor, apoyo y sacrificio.

ÍNDICE

PARTE 3 | MANTENIMIENTO

INTRODUCCIÓN

«Feliz Navidad, Ali. Intenta no matar a nadie». Tras pronunciar estas palabras, mi coordinador colgó despreocupadamente el teléfono y me dejó a mí con la tarea de lidiar en solitario con un pabellón entero de pacientes. Yo era el médico nuevo, joven y cualificado, y hacía tres semanas que había cometido un error de novato: no había llenado los formularios para pedir las vacaciones. Y ahora estaba allí, gestionando un pabellón de hospital, yo solo, el día de Navidad.

La cosa ya había empezado mal, pero no tardó en empeorar. Al llegar me recibió una avalancha de historiales médicos, informes de diagnóstico y crípticas solicitudes de escáneres que un paleógrafo experto habría sido más capaz de entender que nuestro radiólogo de guardia. En cuestión de minutos llegó la primera urgencia del día: un hombre de unos cincuenta y tantos que se había desmayado por una falla cardiaca grave. Después, una de las enfermeras me informó de que un paciente necesitaba urgentemente una evacuación manual (los de mi gremio me entenderán).

A las 10:30 miré a mi alrededor. La enfermera Janice corría por el pasillo A presa del pánico, cargada de vías y pautas de medicación. En el pasillo B, un paciente anciano y necio pedía a gritos su dentadura postiza, que no sabía dónde estaba. El pasillo C había sido tomado por un exiliado de urgencias borracho que iba de un lado a otro gritando «¡Olive! ¡Olive!». (Nunca supe quién era la tal Olive). Y a cada minuto alguien pedía algo nuevo: «Doctor Ali, ¿podría echar una ojeada a la señora Johnson? Tiene fiebre», «Doctor Ali, ¿me puede ayudar con el señor Singh? Tiene alto el potasio».

No tardé en entrar en pánico yo también. La Facultad de Medicina no me había preparado para nada de todo aquello. Hasta entonces yo había sido un alumno bastante eficaz. Cuando la cosa se ponía difícil, mi estrategia era sencilla: esforzarme más. Era un método que me había permitido superar la carrera de medicina los siete años anteriores. Me había permitido publicar en unas cuantas revistas académicas, e incluso poner en marcha una empresa mientras estudiaba. La disciplina era el único sistema de productividad que yo conocía. Y funcionaba.

Pero en ese momento no. Desde que había empezado a ejercer, unos meses antes, iba ahogado. Aunque trabajara más horas por las noches, no alcanzaba a ver a todos los pacientes ni a llenar todo el papeleo necesario. Mi humor también había empeorado; la formación para convertirme en médico me había gustado, pero el trabajo en sí me estaba resultando muy deprimente, con la preocupación constante de cometer un error y matar a alguien. Empecé a no dormir, mis amistades fueron desapareciendo y mi familia dejó de saber de mí. Y yo cada vez trabajaba más y más.

Y ahí estaba. El día de Navidad, solo en el hospital, incapaz de sacar adelante mi turno.

Pensé en todo eso cuando se me cayó una bandeja llena de instrumental y las jeringuillas volaron por el suelo de linóleo. Al mirar con tristeza mi pijama de trabajo empapado comprendí que tenía que encontrar la manera de salir adelante o mi sueño de convertirme en cirujano se volatilizaría.

Aquella noche colgué mi estetoscopio, tomé un pastelito navideño y abrí mi laptop. «Yo antes era superproductivo», pensé. «¿Es que se me olvidó?». Durante mi primer año en la Facultad de Medicina me obsesioné con los secretos de la productividad. Pasaba las noches tomando notas de cientos de artículos, entradas de blogs y videos que prometían dar las claves para un rendimiento óptimo. Todos los gurús hacían hincapié en la importancia del esfuerzo. Había una cita de Muhammad Ali que se repetía mucho: «Odiaba cada minuto que pasaba entrenando, pero me decía: "No abandones. Sufre ahora y vive el resto de tu vida como un campeón"».

Cuando Navidad estaba ya dando paso al día 26, yo estaba despierto leyendo atentamente mis viejas anotaciones y preguntándome en qué me estaba equivocando. ¿Bastaba con recuperar mi antigua ética de trabajo? Pero cuando regresé al hospital al día siguiente dispuesto a hacer más, la cosa no cambió. Aunque me quedé allí hasta medianoche, y aunque me dediqué a recitarme la frase de Muhammad Ali cada vez que iba al baño, no lograba llenar el papeleo más deprisa. Mis pacientes seguían viendo la versión cansada y poco eficaz de Ali, que seguía haciendo gala de una evidente falta de espíritu navideño.

Al final de mi peor día hasta la fecha estaba totalmente derrotado. Y entonces, de la nada, recordé unas sabias palabras de mi antiguo tutor, el doctor Barclay: «Si el tratamiento no está funcionando, cuestiónate el diagnóstico».

Poco a poco al principio, y después de golpe, empecé a dudar de todos los consejos sobre productividad que había seguido. ¿En serio hay que sufrir para triunfar? Además, ¿qué significa triunfar? ¿Acaso es sostenible el sufrimiento a largo plazo? ¿Era lógico pensar que sentirse superado contribuía a trabajar mejor? ¿Tenía que sacrificar mi salud y mi felicidad por..., bueno, por lo que fuera?

Estuve así unos cuantos meses. Me acercaba a trompicones a una revelación: todo lo que me habían contado sobre el éxito estaba mal. No iba a convertirme en un buen médico apresurándome. Trabajar más duro no me daría la felicidad. Y había otro camino que conducía a la realización: uno no empapado de ansiedad constante, noches de insomnio y una dependencia preocupante de la cafeína.

No tenía la respuesta, ni de lejos. Pero por primera vez podía empezar a pensar en un abordaje alternativo. Uno que no dependía de agotarse trabajando muy duro, sino de entender por qué trabajar duro parecía sentar mejor. Un abordaje centrado en mi bienestar por encima de todo, que empleara ese bienestar para alimentar mi motivación y concentración. Un abordaje que pudiera denominar «productividad feel good».

LOS SORPRENDENTES SECRETOS DE LA PRODUCTIVIDAD FEEL GOOD

Cuando estaba en la Facultad de Medicina, mi obsesión por la productividad me llevó a sumar un año a la carrera para obtener un título de Psicología. Al empezar a juntar las piezas de la productividad feel good recordé un estudio en el que había participado como voluntario, que implicaba una vela, unos cerillos y una caja de tachuelas.

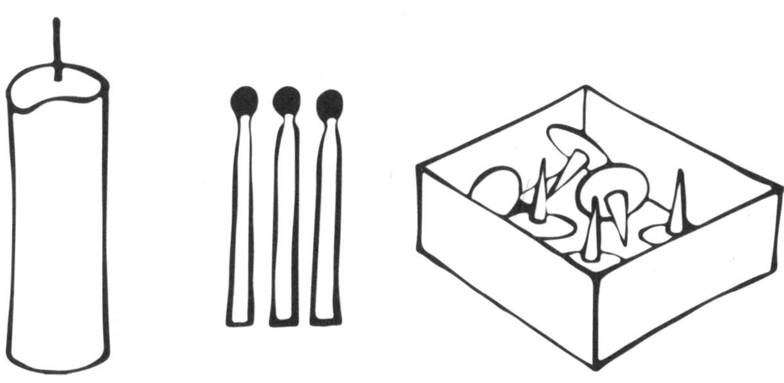

Imagina que tienes esas tres cosas frente a ti. Tu objetivo es poner la vela en un corcho colgado en la pared, de modo que, una vez encendida, la cera no se derrame sobre la mesa de debajo. Imagínate jugando con los objetos, manipulándolos. ¿Se te ocurre una solución?

Cuando se expone este problema, la mayoría de las personas solo piensan en la vela, los cerillos y las tachuelas. Sin embargo, las mentes innovadoras reconocen el potencial de la caja de las tachuelas. La solución óptima al acertijo implica entender que la caja de tachuelas no es solo un contenedor, sino que también puede usarse como candelero.

Se trata del «problema de la vela», una prueba clásica de pensamiento creativo. El primero en desarrollarla fue Karl Duncker y, tras publicarse póstumamente en 1945, se ha usado en innumerables estudios para medir aspectos que van de la flexibilidad cognitiva a los daños psicológicos colaterales del estrés. A finales de la década de 1970, la psicóloga Alice Isen la usó como base de un experimento muy influyente que estudiaba cómo afecta el estado de ánimo a la creatividad de las personas.[1]

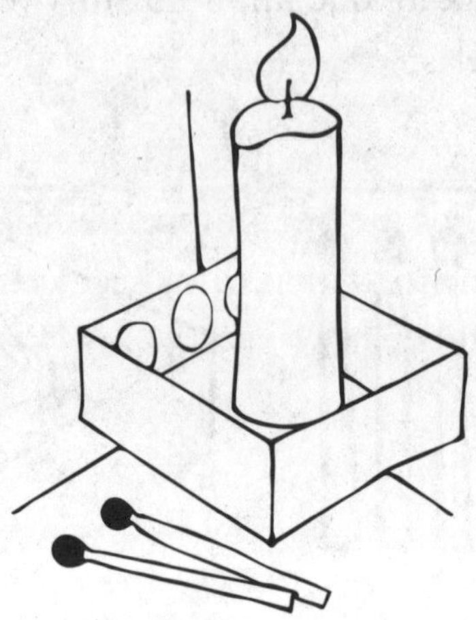

Isen empezó separando a sus voluntarios en dos grupos. A uno de ellos le dio un regalito, una bolsa de caramelos, antes de enfrentarlo al problema de la vela. El otro grupo empezó la tarea sin ningún incentivo. La teoría decía que el estado de ánimo de quienes habían recibido los dulces sería positivo en el momento de intentar resolver el acertijo. Isen halló algo interesante: las personas cuyo estado de ánimo había mejorado sutilmente gracias al obsequio tuvieron mucho más éxito en la resolución del problema de la vela.

Cuando estudiaba Psicología y leí por primera vez sobre el experimento de Isen me pareció interesante, pero no transformador. Personalmente, nunca he sentido la necesidad imperiosa de pegar una vela a la pared. No obstante, al volver a leerlo como médico recién graduado comprendí que lo que había averiguado Isen era bastante profundo. Sugería que sentirse bien no es solo una sensación, sino que cambia nuestros patrones de pensamiento y comportamiento.

Entonces descubrí que aquel estudio había sido básico para la ola de investigaciones posteriores, que exploraron cómo afectan las emociones positivas a muchos de nuestros procesos cognitivos. Demostraba que, cuando nuestro estado de ánimo es positivo, tendemos a considerar un rango más amplio de acciones, estamos más abiertos a vivir nuevas experiencias e integramos mejor la información que recibimos. En otras palabras, sentirnos bien dispara nuestra creatividad... y nuestra productividad.

Una de las primeras personas que exploraron cómo funciona exactamente esto fue Barbara Fredrickson. Profesora de la Universidad de Carolina del Norte en Chapel Hill, Fredrickson es una de las figuras más destacadas de la psicología positiva, una rama relativamente nueva de la psicología centrada en la comprensión y la promoción de la felicidad. A finales de la década de 1990, Fredrickson propuso lo que denominó el «modelo de ampliación y construcción» de emociones positivas.[2]

Según el modelo de ampliación y construcción, las emociones positivas «amplían» nuestra consciencia y «construyen» nuestros recursos cognitivos y sociales. La ampliación se refiere al efecto inmediato de las emociones positivas: cuando nos sentimos bien nuestra mente se abre, absorbemos más información y vemos más posibilidades en cuanto nos rodea. Piensa en el problema de la vela: con un estado de ánimo positivo los participantes eran capaces de ver un rango más amplio de posibles soluciones.

La construcción se refiere a los efectos a largo plazo de las emociones positivas. Cuando experimentamos emociones positivas construimos una reserva de recursos mentales y emocionales que nos ayudarán en el futuro; recursos como la resiliencia, la creatividad, la capacidad de resolución de problemas, las conexiones sociales y la salud física. Con el tiempo, estos dos procesos se refuerzan mutuamente y crean una espiral ascendente de positividad, crecimiento y éxito.

Las emociones positivas son el combustible de la máquina de prosperidad humana.

La teoría sugiere una forma completamente nueva de entender el papel de las emociones positivas en nuestra vida. No son solo sentimientos pasajeros que vienen y van sin consecuencias, sino que son integrales para nuestro funcionamiento cognitivo, nuestras relaciones sociales y nuestro bienestar en su conjunto. Las emociones positivas son el combustible de la máquina de prosperidad humana.

POR QUÉ FUNCIONA LA PRODUCTIVIDAD FEEL GOOD

Cuando leí por primera vez sobre el modelo de ampliación y construcción di con una forma distinta de reflexionar sobre mi vida. Durante años había pensado que solo debía esforzarme más para obtener lo que deseaba. Si quería ser un buen médico, la vida que tenía por delante estaría definida por un trabajo agotador y continuo.

Sin embargo, ahora veía otra forma de hacer las cosas. La teoría de Fredrickson sugería que las emociones positivas cambian el funcionamiento cerebral. El primer paso era sentirse mejor. El segundo, hacer más cosas que nos importen.

«Pero ¿por qué?», me preguntaba. Cuanto más leía, más claro tenía que las explicaciones variaban y que, en algunos casos, no estaban del todo claras. No obstante, los científicos empezaban a tener algunas respuestas.

En primer lugar, estar bien nos llena de energía. La mayoría hemos sentido alguna vez una energía que no es estrictamente física ni biológica, que no procede solo del azúcar o los carbohidratos, sino que es una mezcla de motivación, concentración e inspiración. Es la energía que sientes cuando trabajas en una tarea especialmente interesante o te rodeas de personas que te inspiran. Esta energía recibe muchos nombres. Los psicólogos la han etiquetado como energía «emocional», «espiritual», «mental» o «motivadora» y los neurocientíficos como «disfrute», «vitalidad» o «excitación energética». Aunque los investigadores no se pongan de acuerdo en cómo llamarla, sí coinciden en que nos ayuda a concentrarnos, nos inspira y nos motiva a perseguir nuestros objetivos.

¿Y cuál es la fuente de esa misteriosa energía? La respuesta corta es: sentirse bien. Las emociones positivas están muy relacionadas con un grupo de cuatro hormonas:[3] endorfinas, serotonina, dopamina y oxitocina, denominadas a veces las «hormonas del bienestar». Todas nos ayudan a rendir mejor. Las endorfinas suelen liberarse durante la actividad física, en momentos de estrés o dolor, y proporcionan una sensación de felicidad y de reducción del malestar. Un nivel elevado de estas hormonas suele relacionarse con un aumento de la energía y la motivación. La serotonina se vincula con la regulación del estado de ánimo, el apetito y la sensación general de bienestar; es la base de la satisfacción y nos proporciona la energía necesaria para abordar las tareas con eficiencia. La dopamina, la «hormona de la recompensa», está relacionada con la motivación y el placer, y su liberación nos aporta satisfacción, lo que nos permite concentrarnos durante más tiempo. Por último, la oxitocina, conocida como la «hormona del amor», se asocia con los vínculos sociales, la confianza y la construcción de relaciones, incrementa nuestra capacidad de conectar con los demás y mejora nuestro estado de ánimo, lo que, a su vez, influye en nuestra productividad.

Todo esto significa que estas hormonas del bienestar son el punto de inicio de un círculo virtuoso. Cuando nos sentimos bien generamos energía, lo que dispara nuestra productividad, y esta productividad nos proporciona la sensación de estar alcanzando logros, lo que, a su vez, nos hace sentir bien.

En segundo lugar, sentirse bien reduce el estrés. Además del modelo de ampliación y construcción, Barbara Fredrickson también desarrolló lo que los psicólogos denominan la «hipótesis del deshacer». Fredrickson y sus colegas se interesaron por las décadas de investigaciones que mostraban que las emociones negativas causaban la liberación de hormonas del estrés como la adrenalina y el cortisol.[4] Esto no es un problema a corto plazo; es el mecanismo que nos motiva a huir del peligro. Sin embargo, si experimentamos estas sensaciones negativas demasiado a menudo, nos invade la ansiedad y nuestra salud física se resiente. La activación continua de estas hormonas puede llegar a incrementar el riesgo de desarrollar enfermedades cardiacas y aumentar nuestra presión sanguínea. No es lo ideal.

Fredrickson se planteó lo contrario: si las emociones negativas tenían efectos fisiológicos dañinos, ¿podrían revertirlos las emociones positivas? ¿Podían las buenas sensaciones «reiniciar» el sistema nervioso y poner el cuerpo en un estado más relajado?

Para hacer la prueba, a Fredrickson se le ocurrió un estudio algo cruel. Los investigadores dijeron a un grupo de personas que tenían un minuto para preparar un discurso que sería grabado y juzgado por sus compañeros. A sabiendas de que el miedo a hablar en público es prácticamente universal, la hipótesis de Fredrickson era que eso incrementaría los niveles de ansiedad y estrés de los sujetos. Y lo hizo: las personas dijeron sentirse más ansiosas y experimentar aumentos del ritmo cardiaco y la presión sanguínea. A continuación, los investigadores indicaron de forma aleatoria a los participantes que vieran una de cuatro películas: dos evocaban emociones positivas suaves; la tercera, emociones neutras, y la cuarta, tristes.

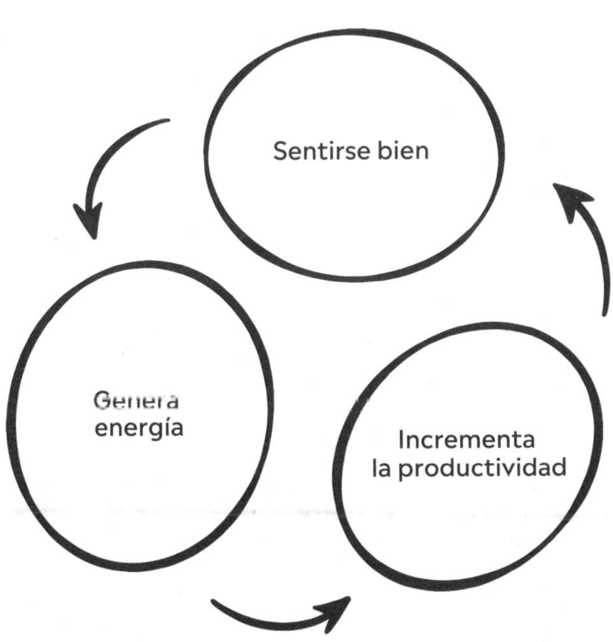

Después se midió el tiempo que tardaron los participantes en «recuperarse» del estrés.

Los hallazgos fueron intrigantes. Los participantes que vieron las películas con emociones positivas tardaron mucho menos tiempo en regresar a su nivel de referencia de frecuencia cardiaca y presión sanguínea. En cambio, quienes vieron la película triste fueron los que más tardaron en recuperar ese nivel de referencia. Esta es la «hipótesis del deshacer»: que las emociones positivas pueden «deshacer» los efectos del estrés y otras emociones negativas. Si el problema es el estrés, sentirse bien puede ser la solución.

La última implicación, y quizá la más transformadora de la productividad feel good, va mucho más allá de cualquier tarea o proyecto, porque, en tercer lugar, sentirse bien enriquece tu vida. En 2005 un equipo de psicólogos leyó todos los estudios que encontró sobre la compleja relación entre felicidad y éxito.[5] Se sumergieron en 225 artículos publicados, que sumaban datos de más de 275 000 individuos. Su pregunta era la siguiente: ¿es cierto lo que nos han contado de que el éxito nos hace más felices? ¿O podría suceder lo contrario?

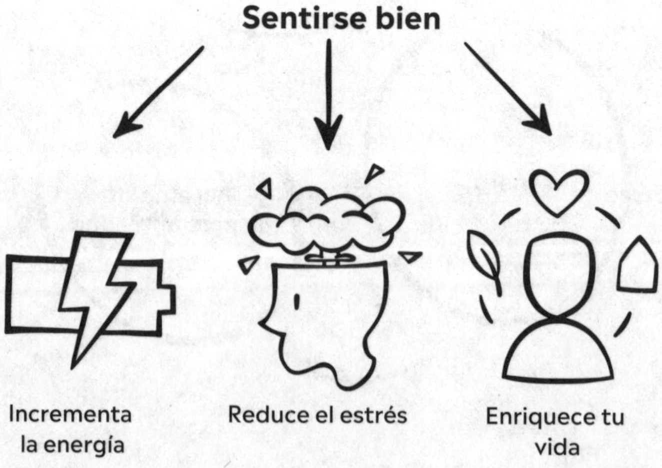

El estudio proporcionó evidencias sólidas de que acostumbramos a entender mal la felicidad. Los individuos que experimentan emociones positivas más a menudo no solo son más sociables, optimistas y creativos, sino que también logran más cosas. Estas personas contagian de energía a sus entornos y se ha demostrado que son más propensas a tener relaciones satisfactorias, salarios más altos y a brillar de verdad en sus carreras profesionales. Quienes cultivan las emociones positivas en el trabajo se convierten en personas con mayor capacidad de resolución de problemas, que planifican mejor, con un pensamiento más creativo y una mayor resiliencia a la hora de conseguir lo que quieren. Se estresan menos, obtienen evaluaciones más altas de sus superiores y muestran un mayor grado de lealtad a sus organizaciones.

El éxito no conduce a sentirse bien. Sentirse bien conduce al éxito.

En pocas palabras: el éxito no conduce a sentirse bien. Sentirse bien conduce al éxito.

CÓMO USAR ESTE LIBRO

En mi primer y horroroso año como médico yo aún no había hecho la mayoría de estos descubrimientos. Trabajaba en turnos eternos intentando encajar mi investigación sobre productividad en las breves pausas entre visitas a pacientes.

Sin embargo, incluso los conocimientos más básicos que descubrí bastaron para cambiar muchísimo mi relación con el trabajo. Cuando empecé a dejar de obsesionarme con la disciplina y me concentré en intentar sentirme bien en el trabajo, mis turnos terroríficos empezaron a resultarme más sencillos. Mi estado de ánimo no tardó en mejorar. Recuerdo una visita a una paciente anciana pocos meses después de descubrir la productividad feel good. «¿Sabe, doctor? —me dijo—. Es usted la primera persona a la que veo sonreír aquí en toda la semana».

Esta nueva perspectiva no solo cambió mi abordaje de la medicina. También alteró la dirección de mi vida. Por primera vez en años empecé a ver oportunidades más allá de los límites de mi trabajo: mis amistades, mi familia y otras pasiones que había estado dejando de lado. Y pronto comprendí que quería compartir mis hallazgos. Durante años había tenido un canal de YouTube en el que publicaba consejos para estudiar y reseñas sobre tecnología. A partir de entonces empecé a compartir en él conocimientos prácticos extraídos de la psicología y la neurociencia, para los cuales me había usado a mí mismo como conejillo de Indias para experimentar todo lo que aprendía y las estrategias que creía que podían funcionar.

A medida que ganaba fuerza mi idea radical de que el éxito no tiene por qué estar unido al sufrimiento, empecé a recibir cada vez más correos electrónicos de quienes veían mis videos. Alumnos de instituto que pasaban sus exámenes, *freelancers* que duplicaban sus ingresos, padres que lograban equilibrar mejor la vida familiar y laboral, todos aplicando las estrategias que yo compartía. Incluso profesionales veteranos, desgastados por las dinámicas empresariales, experimentaban una nueva sensación de energía, motivación y sentido.

Y yo también. Cuanto más leía, más se desarrollaba mi filosofía. Con el tiempo, y siguiendo los mismos principios y estrategias sobre los que estaba aprendiendo, llegué a la conclusión de que quería tomarme un descanso de la medicina para hacer algo nuevo.

Fue entonces cuando supe que tenía que escribir este libro. Lo que contienen estas páginas no es otro sistema para mejorar la productividad que te ayudará a hacer más a cualquier precio. Aquí vamos a hablar de cómo hacer más cosas de las que te importan. Voy a ayudarte a conocerte mejor, a saber qué es lo que de verdad amas y te motiva.

Mi método consta de tres partes, y cada una de ellas aborda un aspecto concreto de la productividad feel good. En la primera parte se explica cómo emplear la ciencia de la productividad feel good para cargarse de energía. En ella se presentan las tres fuentes de energía que sustentan las emociones positivas (el juego, el poder y las personas) y se explica cómo integrarlas en tu cotidianeidad.

A continuación, la segunda parte examina cómo la productividad feel good puede ayudarte a superar la procrastinación. Aprenderás cuáles son los tres obstáculos que nos hacen sentir mal (la incertidumbre, el miedo y la inercia) y cómo superarlos. Cuando eliminas esos obstáculos no solo superas la procrastinación, sino que también te sientes mejor.

Por último, en la tercera parte exploraremos cómo sostener la productividad feel good a largo plazo. Nos sumergiremos en las tres formas que adopta el síndrome del desgaste, también conocido como de *burnout:* desgaste por sobreesfuerzo, desgaste por agotamiento y desgaste por desalineación. Por último, también explicaré cómo dominar tres formas sencillas de «sustento»: la conservación, la recarga y la alineación, para sentirnos mejor no solo durante días o semanas, sino durante meses y años.

Cada uno de los capítulos contiene una buena cantidad de consejos prácticos. Pero mi objetivo con este libro no es darte una lista eterna de tareas, sino ofrecerte una filosofía: una nueva forma de pensar en la productividad que puedas aplicar a tu vida, a tu manera. Lo que espero es que cuando acabes de leer este libro seas un o una *amateur* de la «ciencia de la productividad»: que hayas encontrado métodos que te funcionen, que hayas descartado otros y que puedas trabajar con conocimiento en la búsqueda de las cosas que te ayudan a sentirte bien y a conseguir más. Ese es el motivo por el que todos los capítulos contienen no solo tres ideas sencillas sustentadas por la ciencia que puedes aplicar para replantearte la productividad, sino también seis «experimentos» que puedes implementar en tu vida. Si un experimento te funciona, genial. Si no, también te habrá servido para averiguar algo. En cualquier caso, al acabar deberías tener un buen conjunto de herramientas para aplicar la productividad feel good a tu trabajo, tus relaciones y tu vida en general.

Ojalá te funcione tan bien como a mí. Porque si hay algo que he aprendido al sumergirme en la ciencia de la productividad feel good es que es aplicable a todos los ámbitos. Convierte tareas abrumadoras en desafíos interesantes. Te hace conectar más a fondo con tus pares. Llena de interacciones interesantes lo que sea que hagas todos los días.

Al entender y aplicar lo que te hace sentir bien no solo transformarás tu trabajo, sino también tu vida.

La productividad feel good es un método sencillo, pero lo cambia todo. Te enseña que si alguna vez has sentido que perdías el equilibrio, no tienes por qué conformarte con aprender a flotar. Puedes aprender a nadar.

¡Vamos allá!

PARTE I

Cárgate de energía

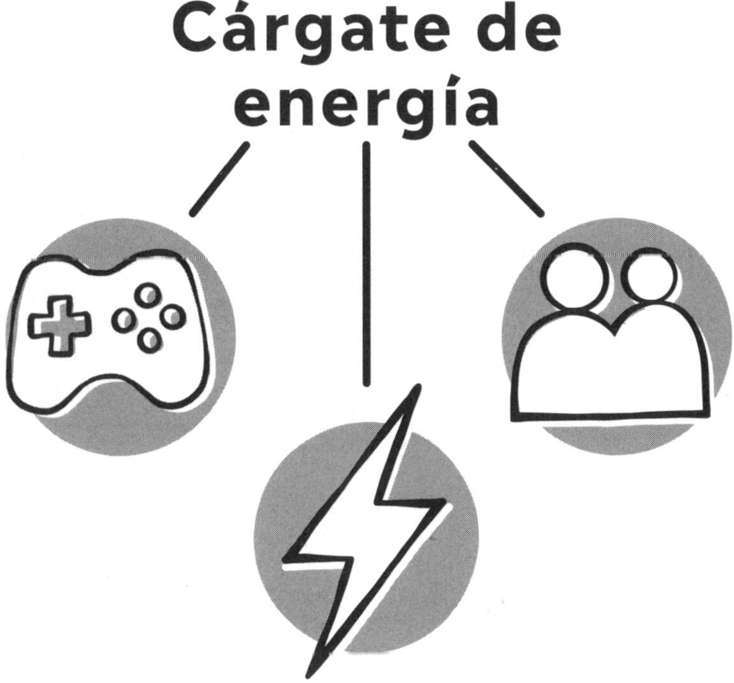

CAPÍTULO 1

JUEGO

Sobre el papel, la carrera del profesor Richard Feynman era perfecta.[6] A sus veintisiete años ya era reconocido como uno de los físicos más importantes de su generación, el que tenía más probabilidades de dominar el potencial de la energía nuclear. Acababan de nombrarlo uno de los profesores más jóvenes de la Universidad de Cornell, al norte del estado de Nueva York.

Solo había un problema: la física le aburría.

La cosa había empezado hacia mediados de la década de 1940. Cada vez que se sentaba a pensar se agotaba. Fue justo después de que su esposa, Arline, muriera de tuberculosis en junio de 1945, meses antes del fin de la Segunda Guerra Mundial en Estados Unidos. Tras su muerte, toda la música en la vida del joven profesor se desvaneció. Las ideas que tanto lo habían animado en su época de doctorando ahora le parecían aburridas y planas. Aunque se le daba bien dar clase, le parecía un caos y una molestia. «Básicamente, me había desgastado», recordaría más adelante. «Iba mucho a la biblioteca a leer *Las mil y una noches* —escribió—, pero cuando llegaba el momento de ponerme a investigar, era incapaz. No me interesaba».

Y descubrió que no hacer nada era bastante fácil. Le seguía gustando dar clase a los alumnos de licenciatura, sentarse a leer en la biblioteca y pasear por el campus. Lo que no le gustaba era trabajar. Así de sencillo. Hacia finales de la década de 1940 Feynman se había reconciliado con su nueva identidad: un profesor de física que no practicaba esa disciplina.

Hasta que un día todo cambió. Unos años después de que empezaran sus problemas, Feynman estaba sentado en la cafetería de la universidad, solo, frente a un grupo de alumnos. Uno de ellos lanzaba al aire un plato una y otra vez. Feynman notó algo raro. Cuando estaba en el aire, el plato se tambaleaba, pero el logotipo de Cornell que tenía impreso parecía hacerlo más rápido que el plato en sí.

«Curioso», pensó Feynman. Aunque, francamente, no era un tema para ganar un Nobel. Él era el hombre que había contribuido a discernir el funcionamiento de la fisión nuclear; no debería estar teorizando sobre las características aerodinámicas de la loza. Sin embargo, ese momento de curiosidad dio lugar a una pequeña epifanía. Empezó a reflexionar en qué lo había conducido a su ámbito de estudio en primera instancia. «A mí antes me gustaba la física —explicó más adelante—. ¿Qué era lo que me gustaba? Que jugaba con ella. Que hacía lo que quería. Daba igual si era importante para el desarrollo de la física nuclear; lo primordial era que a mí me divertía y me interesaba jugar con ella».

Al salir de la cafetería Feynman empezó a recordar cómo veía el mundo de adolescente. En la preparatoria, las cosas que más lo fascinaban resultaban mundanas para los demás. Cuando veía que el chorro de agua se estrechaba a medida que se alejaba de la llave se preguntaba si podía averiguar cómo calcular esa curva. «No tenía por qué hacerlo, no era importante para el futuro de la ciencia; ya lo había hecho alguien antes —dijo al respecto—. Pero a mí me daba igual. Inventaba cosas y jugaba con ellas para entretenerme».

¿Y si recuperar esa perspectiva del mundo era la clave para volver a gozar con la física?, se preguntó. Abordar la física no como un trabajo, sino como un juego con el que divertirse. «Adoptaré esta nueva actitud —decidió—. Igual que leo *Las mil y una noches* por gusto, voy a jugar con la física siempre que quiera, y me dará igual que sea o no importante».

Todo empezó con aquel plato que se bamboleaba en el aire. Durante las semanas siguientes Feynman dedicó mucho tiempo a intentar dar con un modelo de ecuaciones que explicara el movimiento de ese plato. Sus colegas, desconcertados, le preguntaron por qué. «Es totalmente indiferente —respondía Feynman con toda tranquilidad—. Lo hago para divertirme».

Pero cuanto más profundizaba en los platos bamboleantes, más fascinantes le resultaban. Al cabo de poco tiempo empezó a pensar en si el bamboleo del plato en rotación se parecía al que experimentaban los electrones en un átomo. O al funcionamiento de la electrodinámica cuántica. «Casi sin darme cuenta (pasó muy poco tiempo), estaba "jugando" en el trabajo, centrado en el mismo y viejo problema que tanto me gustaba». Con la diferencia de que, en esta ocasión, el trabajo con la física no lo desgastó.

El interés del profesor Feynman en el plato giratorio le acabaría valiendo un Premio Nobel de Física. Su modelización de aquel bamboleo ayudó a entender la electrodinámica cuántica, una teoría que describe cómo interactúan partículas ligeras y diminutas a nivel cuántico. Para visualizarlas, dijo, ayuda imaginar platos rotando a gran velocidad.

Feynman no es el único a quien le ha sucedido esto. Hay al menos, que yo sepa, seis ganadores del premio Nobel que atribuyen su éxito al juego. James Watson y Francis Crick, que descubrieron la estructura del ADN en la década de 1950, describen el proceso generativo que usaron para dar con la estructura como «montar una serie de modelos moleculares y empezar a jugar con ellos». Alexander Fleming, el científico que descubrió la penicilina,[7] describió una vez su trabajo como «jugar con microbios». Donna Strickland, galardonada con el Nobel de Física en 2018, describió su carrera como «que me dejen jugar con láseres de alta intensidad». Konstantin Novoselov, que compartió el Premio Nobel de Física de 2010 por contribuir al descubrimiento del grafeno, lo dijo de la forma más sencilla: «Si intentas ganar el Nobel, no lo consigues —reflexionó—. Nuestra forma de trabajar era en realidad bastante juguetona».[8]

La cantidad de investigaciones que apoyan este abordaje de la cuestión no para de crecer. Cada vez más los psicólogos creen que el juego es clave para la auténtica productividad, en parte porque proporciona una sensación de alivio psicológico. Como dice un estudio reciente,[9] «la función psicológica del juego es restaurar física y mentalmente a los individuos fatigados mediante la participación en una actividad que es a la vez placentera y relajante».

La vida es estresante. Jugar la hace divertida.

Jugar es nuestra primera fuente de energía. La vida es estresante. Jugar la hace divertida. Si somos capaces de integrar el espíritu del juego en nuestra vida, nos sentiremos mejor, y también haremos más cosas.

CREA UNA AVENTURA

Quizá estés pensando que introducir el juego en nuestra vida no es tan fácil como parece. En la edad adulta muchos somos muy conscientes de que jugar no es fácil.

De pequeños nuestros días estaban llenos de aventuras. Explorábamos cada centímetro del jardín, hacíamos carreras por los pasillos de las tiendas, trepábamos a los árboles y nos columpiábamos en sus ramas. No nos esforzábamos para obtener logros ni mejorar nuestro currículum. Escuchábamos a nuestra curiosidad y disfrutábamos de las actividades sin preocuparnos por su resultado.

Sin embargo, a medida que nos hacemos mayores nos empiezan a arrancar el espíritu aventurero. Si no tienes unos padres especialmente progresistas, seguramente te enseñaron que el primer gran paso para convertirse en adulto es dejar de jugar y empezar a tomarse la vida en serio. La existencia pasa de estar llena de aventuras a convertirse en algo trivial y predecible.

Eso es un error. Porque, por lo que parece, la aventura es el ingrediente principal del juego, y tal vez de la felicidad.

En un experimento de 2020 de la Universidad de Nueva York y la Universidad de Miami[10] unos científicos intentaron cuantificar los efectos de abordar el mundo con espíritu aventurero. Seleccionaron a más de 130 participantes, que los autorizaron para monitorizar su ubicación mediante el GPS de sus teléfonos. Durante los meses siguientes los investigadores enviaron mensajes de texto a los participantes preguntándoles por sus emociones: ¿qué tan felices, entusiasmados o relajados se sentían?

Los resultados fueron reveladores. A medida que se acumulaban los datos GPS y las respuestas a los mensajes de texto, quedó claro que quienes vivían experiencias más aventureras, quienes iban a más sitios y más variados, ya fuera porque cambiaban de ruta para ir al trabajo o porque probaban nuevas cafeterías en lugar de ir siempre a la misma, se sentían más felices, entusiasmados y relajados. Su conclusión fue que una vida de aventuras es clave para desbloquear emociones positivas.

Así que la primera forma de aprovechar el potencial del juego es integrar la aventura en nuestra vida. Pero ¿cómo? Bueno, usando las herramientas correctas podrás volver a entusiasmarte como solías hacerlo cuando corrías por las tiendas y te colgabas de los árboles. El primer paso es elegir tu personaje.

Elige tu personaje

Lo confieso: yo antes era adicto al *World of Warcraft*.

El *WoW* es un juego de rol en línea conocido por estar orientado al segmento más friqui de la población. Empiezas eligiendo un personaje con el que jugar, que puede ser un brujo, un guerrero, un paladín o muchos más, y luego te vas a explorar el mundo fantástico de Azeroth. Te unes a otros jugadores para volar por el mundo, matar demonios, mejorar tus armas y pasártela de maravilla.

También es famoso por ser muy adictivo. En los tres años siguientes a mi descubrimiento del juego, cuando tenía catorce años, me pasé 184 días jugando. Eso son 4416 horas. Tres horas al día o, lo que es lo mismo, el 25% del tiempo que pasaba despierto. Eso es muchísimo.

Pero ¿por qué era tan adictivo para mí el *World of Warcraft?* Cuando tienes catorce años no hay nada más emocionante que matar monstruos e irte de aventuras (de hecho, como adulto sigue sonando de lo más apetecible). Sin embargo, aunque eso explica por qué son tan divertidas las primeras horas de juego, no está claro que justifique las miles restantes. Sinceramente, pasado un tiempo la mecánica del juego dejó de ser divertida. Hay un límite en el número de veces que te resulta entretenido que te manden de misión a rescatar al gato de un campesino.

Cuanto más lo pienso, más me convenzo de que el placer que se obtiene jugando al *WoW* procede del escapismo. El *WoW* ofrece una alternativa vívida al mundo real en la que se puede acabar con un ejército de zombis con un hechizo mágico o domesticar a un dragón y salir volando sobre su lomo. Y, lo que es más importante, es un mundo en el que interpretas a un personaje. Yo en *WoW* nunca he sido Ali Abdaal, el estudiante un poco nerd con cero habilidades deportivas y bastante inseguro. Siempre he sido Sephiroth, el elfo de sangre brujo, alto y guapo que comanda un ejército de demonios envuelto en una túnica púrpura.

El juego nos permite que afloren otros roles o *alter ego,* ya sea mediante un personaje del *WoW* o interpretando una escena imaginaria con amigos en el parque. Estos personajes nos permiten expresar distintos aspectos propios y transformar nuestra experiencia en algo más placentero. Cuando interpretas a otra persona empiezas a experimentar la aventura.

Y esto no es tan obvio como suena. Elegir un personaje no implica reinventar tu personalidad de la noche a la mañana (ni fingir que eres un duende frente a tus compañeros de trabajo). De lo que hablamos es de identificar el tipo de juego que más encaja contigo para elegir encarnar un tipo concreto de jugador o jugadora.

El doctor Stuart Brown ha dedicado la mayor parte de su carrera a estudiar la psicología del juego.[11] Como psicólogo clínico empezó a investigar los beneficios del juego tras observar sus efectos transformadores en pacientes. Con el tiempo creó el Instituto Nacional del Juego y se convirtió en profesor de Psiquiatría Clínica en la Universidad de California en San Diego. Durante este periodo, habló con más de 5 000 personas de todas las clases sociales, de artistas a camioneros, pasando por premios Nobel, sobre qué entendían ellos por juego.

En el trascurso de estas entrevistas descubrió que la mayoría solo nos inclinamos por uno o dos tipos concretos de personajes de juego. Cuando encontramos el que mejor nos queda podemos empezar a adquirir la «personalidad de juego», que libera nuestra predisposición a la aventura.[12] Estas son las ocho personalidades de juego que halló el doctor Brown mediante su investigación.

Las ocho personalidades de juego

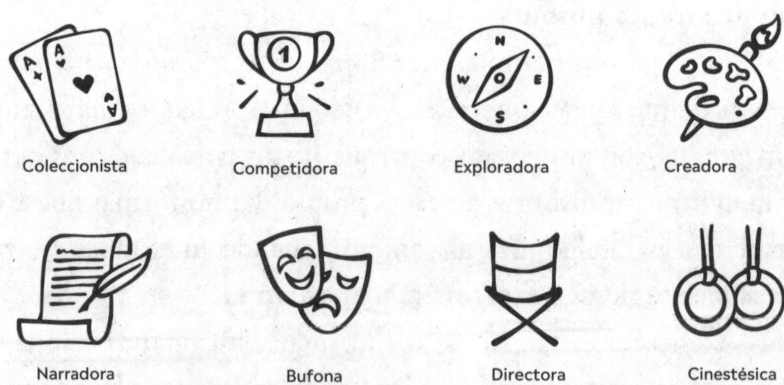

1. **A la personalidad coleccionista** le encanta recopilar y organizar, y disfruta de actividades como buscar plantas raras o rebuscar en archivos y mercadillos.
2. **A la personalidad competidora** le gustan los juegos y los deportes, y disfruta esforzándose al máximo y ganando.
3. **A la personalidad exploradora** le gusta deambular, descubrir sitios nuevos y cosas nunca antes vistas caminando por la montaña, con rutas en coche y otras aventuras.
4. **La personalidad creadora** disfruta haciendo cosas con las manos y puede pasar horas todos los días dibujando, pintando, tocando música, cuidando el jardín y con otras actividades.
5. **La personalidad narradora** tiene una gran imaginación y la usa para entretener a los demás. Le atraen actividades como la escritura, la danza, el teatro y los juegos de rol.
6. **La personalidad bufona** se esfuerza en hacer reír a la gente y su forma de jugar puede ser hacer monólogos cómicos, improvisar o sencillamente bromear para sacar sonrisas a los demás.
7. **A la personalidad directora** le gusta planificar, organizar y liderar, y puede encajar en muchos roles y actividades, desde la dirección de obras de teatro hasta la gestión de una empresa o el trabajo político y en favor de causas sociales.
8. **La personalidad cinestésica** juega mediante actividades físicas como la acrobacia, la gimnasia o salir a correr.

Este es el primer paso para abordar tu trabajo —y tu vida— con predisposición al juego y a la aventura. Piensa en cuál de estos personajes te define mejor e intenta enfrentarte al trabajo como si fueras ese personaje. Si tu personalidad es narradora, esto puede conllevar buscar formas de convertir una tarea aburrida (escribir un árido correo electrónico sobre logística) en una que despierte tu predisposición al juego (encontrar la manera de convertirlo en una historia con un inicio, una trama y un desenlace, y quizá incluso un giro inesperado). Si eres de talante creador, esto puede significar convertir tareas mundanas (llenar una monótona hoja de cálculo) en oportunidades de expresión (convertirla en una infografía que sea bonita y fácil de entender).

Identificar y explorar nuestra personalidad de juego nos ayuda a reivindicar parte de la predisposición a la aventura que definió nuestra infancia, una época en la que sentirse bien era la norma y no la excepción. Es un espíritu que todos conservamos en nuestro interior. Como dice Stuart Brown, «recordar qué significa jugar y convertirlo en parte de nuestro día a día es seguramente el factor más importante para la realización del ser humano».

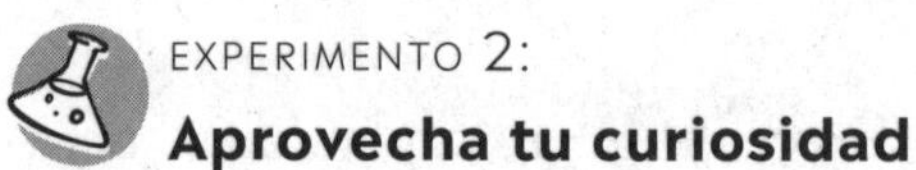

EXPERIMENTO 2: **Aprovecha tu curiosidad**

¿Qué significa en realidad la palabra «dinosaurio»? ¿Qué canción de los Beatles estuvo más tiempo en la lista estadounidense de *singles* más vendidos? ¿Quién era el presidente de Estados Unidos cuando el Tío Sam empezó a lucir barba?

Estas no solo son preguntas de un concurso especialmente malvado. Son tres de las diecinueve semillas que emplearon los investigadores del Centro Davis de Neurociencia de la Universidad de California en un experimento pionero.[13] Tras plantear estas preguntas a un grupo de veinticuatro voluntarios, les pidieron que puntuaran su interés por cada una de las respuestas, de «poca curiosidad» a «mucha curiosidad». A continuación, las dejaron un rato en las mentes de los participantes. (Las respuestas, por cierto, son «lagarto terrible», *Hey Jude* y Abraham Lincoln).

Los investigadores intentaban averiguar qué efecto tenía la curiosidad en la mente de las personas. Por un lado, tenían la intuición de que cuando algo despertaba la curiosidad de un individuo, este recordaba mejor los detalles. Y estaban en lo cierto. El estudio demostró que las personas tenían un 30% más de probabilidad de recordar las cosas que consideraban interesantes que las que les aburrían. Sin embargo, lo que quizá resultó más sorprendente fue lo que sucedía en su cerebro en el momento de recordar esas cosas. Al observar su actividad neurológica mediante un escáner craneal se vio que esta era muy distinta cuando les preguntaban algo por lo que sentían curiosidad: al parecer, recibían una dosis de dopamina. La dopamina es una de nuestras hormonas del bienestar y también activa la parte del cerebro responsable del aprendizaje y de crear recuerdos. Así que, en el caso de los participantes del estudio, practicar la curiosidad los hacía sentirse bien y, a la vez, retener mejor la información.

Aprovechar la curiosidad es el segundo método para sumar aventuras a tu vida. La curiosidad no solo nos permite disfrutar más de la vida, sino también concentrarnos durante más tiempo. Después de revisar minuciosamente las biografías de algunas de las mentes más pioneras de la historia, de Leonardo da Vinci a Steve Jobs, el escritor Walter Isaacson resumió de este modo sus hallazgos:[14] «Sentir curiosidad por todo no solo te hace una persona más creativa. Enriquece tu vida».

La curiosidad no solo nos permite disfrutar más de la vida, sino también concentrarnos durante más tiempo.

Así pues ¿cómo podemos integrar en nuestra vida la predisposición a la curiosidad? Un método es buscar lo que yo llamo «misiones secundarias». En algunos videojuegos, como *Zelda, The Witcher* o *Elden Ring,* hay decenas de misiones secundarias para elegir. Estas no afectan a la trama principal del juego, sino que dependen de la curiosidad de quien juega: ¿qué pasa si entro en esta cueva? ¿O si intento llegar al punto más alto de esta zona? ¿O si nado hasta el fondo del lago? Muchos de los mejores secretos del juego pueden estar escondidos en cuevas, bosques y pueblos con los que quienes siguen estrictamente la historia no llegan a cruzarse.

Yo pienso a menudo que mi vida contiene una serie de misiones secundarias. Todos los días, cuando me siento a trabajar, consulto mi agenda y mi lista de tareas pendientes y me pregunto: «¿Cuál va a ser la gran misión secundaria de hoy?». Esta pregunta me ayuda a cambiar de actitud y no pensar tanto en las tareas obvias que se alinean ante mí como en los posibles caminos alternativos que puedo tomar. Esto puede hacer que salga de la oficina y pase unas cuantas horas trabajando en la cafetería de al lado. O que explore nuevos programas informáticos que podría emplear para solucionar el problema en el que estoy trabajando.

Al añadir una misión secundaria a tu día das espacio a la curiosidad, la exploración y el juego, y por el camino podrías descubrir algo increíble y totalmente inesperado.

BUSCA LA DIVERSIÓN

Era una noche estrellada a finales de los noventa en una universidad pequeña de Ohio. Un joven licenciado y ayudante de investigación estaba en el laboratorio con una rata en la palma de la mano y acariciaba su panza de color blanco con un pincel seco a la espera de que sucediera algo interesante.

Al principio no pasó nada. Pero entonces, de repente, la rata dio un gritito. No fue de incomodidad; más bien parecía que se estaba riendo.

Este científico no estaba haciendo cosquillas a las ratas por diversión. De hecho, estaba investigando los efectos biológicos del juego en el cerebro humano, lo que el director de la investigación, Jaak Panksepp, denominó la «biología de la alegría».[15] En aquella época, la mayoría de la comunidad científica creía que solo los humanos experimentaban emociones. Se pensaba que estas nacían de una parte muy compleja del cerebro que solo tenemos nosotros, la corteza cerebral. Sin embargo, el descubrimiento de Panksepp sobre la risa de los roedores proponía una alternativa: las emociones deben proceder de zonas mucho más primitivas del cerebro, como la amígdala y el hipotálamo. Panksepp demostró que la alegría es una experiencia profundamente primaria.

Uno de los hallazgos claves de Panksepp fue que a las ratas les encanta jugar. Dedicó gran parte de su experimento a grabar los sonidos que hacen cuando juegan, que eran alegres. Más tarde afirmó: «Sonaban como un parque infantil». ¿Por qué? Porque jugar libera dopamina. Hace que las ratas se sientan bien.

Podemos aprender algunas cosas de los roedores. Las ratas de Panksepp mostraron que, si queremos hallar alegría en lo que hacemos, esto no sucederá únicamente al usar las partes más elevadas y complejas del cerebro, las asociadas con la corteza cerebral, sino también las más antiguas y básicas de nuestra neurología (las mismas hormonas del bienestar que se activaban en esas ratas). Nosotros también podemos disparar pequeñas descargas de dopamina que nos mantengan contentos e implicados en la tarea.

Pero ¿cómo? La respuesta se encuentra al estudiar qué cosas disparan la dopamina en concreto. Como dice un artículo publicado por la Facultad de Medicina de Harvard, esta hormona se activa mediante el «sexo, las compras [y] el aroma a galletas recién hechas que sale del horno»,[16] es decir, mediante actividades que consideramos divertidas.

De modo que, si queremos aprovechar los revolucionarios efectos del juego, nuestro segundo paso es buscar la diversión allá donde vayamos. Y eso empieza visitando una versión disneyficada del Londres eduardiano.

EXPERIMENTO 3:

El *post-it* mágico

Durante un periodo especialmente agotador de trabajo como médico residente, mi *roomie*, Molly, y yo decidimos volver a ver una peli que nos gustaba mucho de pequeños: *Mary Poppins.* Nuestra esperanza era que sumergirnos en un mundo de pájaros animados, malas imitaciones del acento *cockney* y temazos musicales sobre el sufragismo nos proporcionara algo de alivio, aunque solo fuera durante un par de horas.

En ese momento me estaba costando motivarme para estudiar de cara a mis exámenes médicos de posgrado. En combinación con mi trabajo en el hospital, los plazos de entrega y la complejidad del temario me superaban. La idea de sentarme a leer libros de texto después de mi turno se me antojaba una pesadilla.

Pero mientras volvía a ver *Mary Poppins* sucedió algo inesperado. La película era algo más que la fábula frívola de una niñera rarita con poderes mágicos; contenía una gran verdad. Una de las canciones más conocidas de la película es *Con un poco de azúcar,* que Mary canta a los niños cuando se quejan de que tienen que hacer sus tareas. Yo no recordaba casi nada de la letra, excepto el estribillo: «Con un poco de azúcar esa píldora que les dan [...] satisfechos tomarán».

Al ver esa escena conocida, aunque olvidada, veintitantos años después, escuché el principio de la canción:

Todo trabajo tiene algo divertido,
y si encuentran ese algo,
en un instante... ¡chas!
Se convierte en un juego.

El resto de la canción describe las distintas formas en las que pájaros y abejas hacen que sus tediosas tareas sean más divertidas si cantan mientras trabajan. (Según ella, el pájaro canta «de norte a sur» y así «su labor convierte en diversión»; una afirmación que me decepcionó descubrir más tarde que no era ornitológicamente correcta).

Decidí aplicar la idea a mi propia vida. En un ataque de inspiración a altas horas de la noche, agarré un marcador y un *post-it* y escribí seis sencillas palabras: «¿Cómo sería esto si fuera divertido?».

Pegué la nota en la pantalla de la computadora y me fui a dormir.

A la mañana siguiente, cuando la vi, había olvidado que la había puesto allí. Acababa de llegar del trabajo y estaba empezando a repasar rutas bioquímicas para mi examen de Medicina. Me senté con mi expresión habitual de hacer de tripas corazón. Pero entonces vi el *post-it* y pensé: «¿Cómo sería esto si fuera divertido?».

La primera respuesta que me vino a la cabeza fue que si aquello fuera divertido, habría música. Me di cuenta de que memorizar aburridas rutas bioquímicas se convertía mágicamente en algo mucho más interesante con la banda sonora de *El señor de los anillos* sonando en mis auriculares. De repente, la música se convirtió en una de las formas más importantes de aportar predisposición al juego a mi trabajo.

También empecé a aplicar esta idea en el hospital. En aquel momento estaba en mi rotación en Medicina Geriátrica, donde la oficina de los médicos era una sala pequeña y casi sin decorar en un rincón del pabellón. Durante una tarde especialmente agotadora, mientras estaba sentado en mi oficina con una lista larguísima de cosas por hacer, decidí aplicar el método de «diversión musical». No tenía bocinas, así que tomé un tazón de la cocina y metí en él el teléfono para amplificar un poco el sonido. Abrí Spotify y pasé el resto del día haciendo mis tareas con la banda sonora de *Piratas del Caribe* sonando bajito. El efecto fue transformador; básicamente, la situación era más agradable.

«¿Cómo sería esto si fuera divertido?» se convirtió en una pregunta que guía mi vida. Y es sorprendentemente fácil ponerla en práctica. Piensa en una tarea que no se te antoje hacer ahora mismo y pregúntate cómo sería si fuera divertida. ¿Puedes hacerla de otro modo? ¿Puedes añadirle algo de música, sentido del humor o creatividad? ¿Qué tal si planteas hacer la tarea con amigos o te prometes un regalito al final del proceso?

¿Hay alguna manera de convertir este proceso agotador en algo un poco más disfrutable?

EXPERIMENTO 4:

Disfruta del proceso, no del resultado

Hay otra forma de convertir en divertido lo que estés haciendo y que no implica volver a ver películas infantiles de mediados del siglo xx. De hecho, la mejor demostración de esto la da un adolescente español de 1.70 metros con el pelo decolorado de rubio.

En agosto de 2021, Alberto Ginés López subió al podio como primer ganador de la medalla de oro de escalada en los Juegos Olímpicos de verano de Tokio. Las semanas anteriores el mundo lo había visto completar, sorprendidísimo, una serie de hitos físicos espectaculares en las paredes multicolor del parque de deportes urbanos Aomi de Tokio. Lo más impresionante de todo era la prueba de velocidad, que consiste en escalar una pared lo más rápido posible, como si fueras una araña. López alcanzó el punto más alto en unos impresionantes 6.42 segundos.

Pero mientras el público miraba a López y al resto de los escaladores correr por las paredes a velocidades irreales, también se percataron de que aquel deporte era bastante inusual. No era solo que el aspecto de quienes lo practicaban fuera bastante más bohemio que el habitual en los atletas, con el cabello teñido de colores y arneses de fantasía. También parecían más relajados. En lugar de evitar el contacto visual y ponerse nerviosos al ver a los demás trepar por las paredes, muchos escaladores platicaban alegremente al pie del muro, y algunos incluso intercambiaban consejos. Cuando se enfrentaban a la subida, su rostro no mostraba la agónica intensidad que suelen lucir los corredores de velocidad o incluso los futbolistas. De hecho, parecía que de verdad se la estaban pasando bien.

Aquellos escaladores nos daban otra pista sobre cómo divertirse: haciendo hincapié en la alegría que conlleva no el resultado, sino el proceso en sí.

Según el psicólogo húngaro-estadounidense Mihaly Csikszentmihalyi (se pronuncia «chicsenmijai»), la mayor diferencia entre escalar y, por ejemplo, jugar futbol, es que la mayoría de los escaladores están totalmente inmersos en el proceso (trepar por la pared) en vez de en el resultado (ganar el partido). Pionero en el estudio del «estado de flujo» —también conocido como «la zona»—, un estado en el que estamos tan concentrados en una tarea que parece que el resto del mundo desaparece, Csikszentmihalyi desarrolló sus primeras teorías al respecto recordando a los escaladores que había visto en los Alpes de adolescente. Csikszentmihalyi sostiene que, si somos capaces de concentrarnos en el proceso en vez de en el resultado, es muchísimo más probable que disfrutemos de la tarea.

Pero ¿cómo? Esto puede resultar sencillo en el caso de la escalada, que es algo inherentemente divertido (al menos para algunos). ¿Pero qué pasa si te enfrentas a algo más tedioso o incluso desagradable?

Se podría argumentar que, en estos casos, la potencia de concentrarse en el proceso es aún mayor, porque con un poco de pensamiento creativo siempre se puede hallar alegría en cualquier proceso, da igual lo aburrido que parezca.

Veamos, por ejemplo, la historia de Matthew Dicks, actual campeón del mundo de narrativa y novelista *bestseller*. Años antes de publicar su primer libro, Dicks trabajaba en McDonald's. Y lo odiaba. «Los días se me hacían eternos —me dijo una vez—. Cada día la misma rutina, una y otra vez. Tomar comandas, dar la vuelta a las hamburguesas y servir papas fritas. No había emoción, ni chispa, ni dificultades a las que enfrentarse».

Así que Dicks decidió ver si podía obtener algo de alegría de la situación, no tanto del resultado del trabajo (su salario insultantemente bajo), sino del proceso. Acabó aplicando una técnica clásica: convencer a los clientes de llevarse algo más. «Había días que decidía que era el día de la salsa BBQ —recuerda—, así que durante todo el día añadía una sugerencia cada vez que atendía a alguien. Si el cliente pedía una Big Mac con papas, yo le preguntaba si quería alguna salsa para acompañar. Si respondía que no, yo sonreía y decía: "Yo le recomiendo la salsa BBQ, no hay nada mejor". Generalmente, llegados a este punto, el cliente estaba un poco sorprendido y decía: "Bueno, me llevo la salsa". Pero si aun así se resistía, yo le decía: "No pasa nada, tú te lo pierdes. Mi anterior clienta tenía dudas, pero cuando probó la salsa supo que había tomado la decisión correcta"».

Dicks dice que el efecto que tuvieron estos pequeños cambios en su rutina fue inesperadamente significativo. Eran una especie de minitareas que, según él, «mejoraban un poquito el día a los clientes y a mí me hacían sentir con mucha más energía los días más cansados». Y funcionaban. Dicks empezó a notar que esperaba con ganas sus turnos, que le emocionaba ver a cuántas personas era capaz de convencer de probar la salsa BBQ.

El proceso no era disfrutable en sí mismo, pero Dicks había creado una forma de hacer que lo fuera. Y, al hacerlo, había encontrado diversión en una situación poco evocadora.

REBAJA LAS EXPECTATIVAS

Si la aventura y la diversión promueven nuestra capacidad para el juego, hay otro factor relacionado con esto que es más o menos igual de potente a la hora de reducirla: el estrés. Para entender el mecanismo, vamos a mencionar de nuevo en este capítulo a los sujetos experimentales menos afortunados: las ratas de laboratorio. Desgraciadamente, a estas ratas les esperaba una tarde menos entretenida que a sus compañeras del experimento de las cosquillas que hemos visto antes. En esta ocasión los científicos de la Universidad de Columbia tomaron a un grupo de ratas en distintos puntos de desarrollo y les pusieron una red encima para restringir su movimiento, de forma que no pudieran desplazarse libremente.[17] Y así las dejaron durante treinta minutos.

Como es obvio, esto resultó muy estresante. Antes de ser contenidas por la red, las ratas jugaban las unas con las otras, se peleaban en broma y se tocaban el cogote. Sin embargo, al quitar la red el investigador vio que su comportamiento juguetón había desaparecido por completo. En lugar de eso, las ratas se acurrucaron en grupos y dejaron de jugar. (Por suerte, el comportamiento de juego regresó a su nivel de referencia una hora después de la experiencia estresante de la contención).

Los estudios con humanos, aunque menos desagradables que los que se hacen con animales, han obtenido resultados parecidos. Hay más probabilidad de que los niños jueguen cuando están cómodos,[18] en entornos no amenazadores. Los estudios con adultos en el lugar de trabajo han hallado que la sensación de relax promueve comportamientos de juego, además de la creatividad y el bienestar.[19]

Estos estudios, y muchísimos otros, prueban algo que la mayoría de nosotros sabemos instintivamente: cuando estamos estresados tenemos menos ganas de jugar, y la creatividad, la productividad y el bienestar también suelen sufrir las consecuencias.

Todo esto nos da una pista sobre cuál es el último ingrediente del juego. Para poder jugar no solo debemos buscar la aventura y la diversión; también necesitamos crear un entorno de bajas expectativas que fomente la tranquilidad. Y podemos empezar a hacerlo reconsiderando lo que entendemos por fracaso.

EXPERIMENTO 5:

Reconsidera tus fracasos

En 2016, un ingeniero formado en la NASA llamado Mark Rober seleccionó a 50 000 personas para un nuevo desafío informático.[20] Les dijo que quería probar que cualquiera puede aprender a programar y les dio una serie de problemas de programación relativamente sencillos.

De hecho, el experimento era más complicado de lo que Rober decía. La diferencia clave surgía cuando los participantes cometían un error. La mitad de ellos (grupo 1) recibía un mensaje de error cuando escribía un código que no se ejecutaba correctamente: «Te equivocaste. Inténtalo de nuevo». La otra mitad (grupo 2) obtenía un mensaje ligeramente distinto:

«Te equivocaste. Perdiste 5 puntos. Ahora tienes 195 puntos. Inténtalo de nuevo». El resto del experimento era idéntico para los dos grupos.

Esta pequeña diferencia se convirtió en gigantesca. En promedio, el grupo 1 necesitaba doce intentos para resolver el enigma de programación y tenía una tasa de éxito del 68%. El grupo 2, en promedio, necesitaba solo cinco intentos para resolver el enigma, con una tasa de éxito del 52 por ciento.

La primera vez que oí hablar de este experimento me quedé estupefacto. Solo porque había una «penalización» arbitraria y sin sentido de cinco puntos por error en la resolución del enigma las 25 000 personas del grupo 2 (procedentes de todo el mundo) hacían, en promedio, menos de la mitad de intentos para resolverlo que las del grupo 1.

Como ya habrás adivinado, el interés real de Rober no era enseñar a la gente a programar. Lo que más le interesaba era nuestra actitud frente al fracaso. Su objetivo era demostrar que las consecuencias negativas, aunque sean arbitrarias, nos afectan mucho y de forma desproporcionada, y que dichas consecuencias nos hacen temer al fracaso, incluso cuando no hay necesidad.

Pero ¿y si hubiera otra forma de afrontar el fracaso? ¿Una que nos permitiera considerarlo inevitable y puede que hasta divertido? Eso era lo que estaba intentando dilucidar Rober. Tras trabajar nueve años en la NASA y después en Apple como diseñador de proyectos, y antes de convertirse en divulgador científico en YouTube, el experimento de Rober demostró algo de lo que ya se había percatado en el entorno laboral: el éxito no se reduce a la frecuencia de tu fracaso. El truco está en cómo tomas los errores.

En una conferencia en la que habla de sus hallazgos con este experimento, Rober pregunta: «Si pudiéramos entender nuestro proceso de aprendizaje sin que nos importaran tanto los errores, ¿cuánto más podríamos aprender? ¿Cómo aumentaría nuestro éxito?». Rober sabía que programar una computadora implica un proceso constante de prueba y error. Estos supuestos errores no lo son en realidad; son datos que necesitamos para entender cómo hacerlo bien.

En el proceso de escritura de este libro esta idea de Rober me ha conmovido más de una vez, porque su estudio nos ofrece una buena forma de entender cómo reducir el estrés y, al mismo tiempo, cómo crear un entorno donde poder jugar. Imagina cómo sería tu vida si, en lugar de perder esos cinco puntos del experimento cada vez que cometes un error, los ganaras. Imagina qué sucedería si la gente celebrara tus pequeños tropiezos en lugar de humillarte. Imagina cómo abordarías las cosas si las consideraras experimentos en los que el error es tan valioso como el acierto. ¿Te enfrentarías al juego de la vida de otra manera? De repente, las expectativas son más bajas. Y, de repente, puedes permitirte jugar un poco.

Si tu objetivo es encontrar una carrera que te llene y tu hipótesis es que un cargo en una empresa lo haría, entonces tu proceso de recopilación de datos sería probar diversas carreras mediante distintas becas y puestos de trabajo. Con una actitud experimental, un puesto de becario que acabes odiando no sería un «fracaso» ni una «pérdida de tiempo»; sería otro dato para ayudarte a entender que eso no es lo que quieres.

Si tu objetivo es crear una empresa de éxito, entonces tu proceso de recopilación de datos puede incluir probar distintas ideas de negocio, productos y servicios. Con una actitud experimental, el lanzamiento de un producto que no cubre las expectativas no sería un «fracaso» ni un «desastre»; sería otro dato para ayudarte a refinar tu estrategia y a entender mejor a tu público objetivo.

Ningún fracaso es solo eso. Es una invitación a probar algo nuevo.

Y si tu objetivo es tener relaciones significativas, entonces tu proceso de recopilación de datos puede consistir en salir con distintas personas, ir a reuniones sociales y conocer gente nueva. Con una actitud experimental, una cita que no conduce a una segunda o una amistad que no florece no son un fracaso; solo son datos que te ayudarán a entender tu compatibilidad.

Ningún fracaso es solo eso. Es una invitación a probar algo nuevo.

EXPERIMENTO 6:

Abandona la seriedad. Practica la sinceridad

Una vez reconsiderados los fracasos como datos, es más fácil eliminar el estrés que nos frena a la hora de enfrentarnos a la vida con predisposición a jugar. Pero hay un último método igual de potente, que yo aprendí del gurú budista que menos te esperarías.

Nacido en Chislehurst, Kent, un anodino barrio residencial del sur de Inglaterra, durante sus primeros años de vida Alan Watts parecía destinado a ser empleado bancario o tal vez abogado. Se empezó a interesar por las religiones del Sudeste Asiático después de tener un febril sueño místico de niño, y eso le cambió la vida. Durante los siguientes cincuenta años se convirtió en una de las mayores autoridades en filosofía oriental y publicó varios libros *bestsellers* sobre lo que nos pueden enseñar el zen y el daoísmo acerca del universo.

Me crucé con las conferencias de Watts cuando llevaba unos meses escribiendo este libro y me sorprendió enseguida la profundidad de su forma de mirar el mundo y lo bien que encajaba su perspectiva en mi teoría sobre la productividad feel good. Y, en concreto, una sencilla frase que lo dio a conocer: «Abandona la seriedad. Practica la sinceridad».

En su famosa conferencia «El individuo y el mundo», Watts destacó un error clave que hacemos al entender el mundo. Cita al escritor inglés de principios del siglo xx G. K. Chesterton: «La frivolidad contiene una ligereza que se eleva, mientras que la seriedad contiene una gravedad que se hunde, como una piedra». Esto, dijo, se cumplía en quienes entienden el zen. Lo resumía así: «Hay una gran diferencia entre ser serio y ser sincero».

¿A qué se refería? Bueno, imagina que estás jugando a un juego de mesa, al *Monopoly*, por ejemplo. Nadie quiere jugar al *Monopoly* con alguien que se lo toma demasiado en serio. Todos hemos vivido algo así; personas serias a quienes les importa mucho ganar y drenan toda la energía de la reunión. Su obsesión por recurrir a las instrucciones para decidir si puedes o no tomar los 200 euros al pasar por la casilla de salida cuando te lo indica una carta de «Suerte» mata la diversión de los demás.

Pero tampoco nos gusta jugar con gente a la que le da todo igual. Esas personas no se implican en el juego, no hacen esfuerzos activos para jugar lo mejor posible. No se alegran cuando logras salir de la cárcel, aunque te hayas negado a pagar la multa de 50 euros para hacerlo y, en cambio, hayas optado por la osada estrategia de tirar los dados para sacar un doble. Tampoco te puedes divertir con ellos.

No, lo más divertido es jugar con personas que lo hagan con sinceridad. Que se tomen el juego lo bastante en serio para implicarse en la experiencia, pero no tanto como para obsesionarse con ganar o perder. Que sean capaces de reírse y bromear, de no tomarse a pecho sus errores y disfrutar de la compañía de sus amigos durante el juego sin pensar demasiado en ganar (o en seguir las normas).

Abordar así la vida y el trabajo conlleva también muchos beneficios. Yo he notado que cuando estoy estresado, ansioso y más agotado en el trabajo me cuesta poco olvidar ser sincero y empezar a ser demasiado serio. En esos momentos me parece que las expectativas me superan. Sin embargo, hay una forma de reducirlas. El truco es sencillo: cuando sientas que el trabajo te agota o te supera, intenta preguntarte: «¿Cómo puedo abordar esto con un poco menos de seriedad y un poco más de sinceridad?».

Si te enfrentas a un proyecto difícil en el trabajo con sinceridad en lugar de con seriedad, podrás centrarte en el proceso de completar cada una de las tareas, en vez de en el resultado. También te permitirá pedir consejo y colaboración a otras personas, en lugar de intentar hacerlo todo por tu cuenta. Con esto te resultará más sencillo abordar las cosas con predisposición al juego y sentirás que tu concentración y motivación mejoran a lo largo de todo el proceso.

Si abordaras una entrevista de trabajo con sinceridad en vez de con seriedad, no te causaría tanto nerviosismo y estrés el resultado, sino que te centrarías en estar presente y conectar con la situación. También podrías intentar conectar con la persona que te está entrevistando en un plano más personal, en vez de limitarte a intentar impresionarla con tus credenciales. Si lo haces, te puede resultar más fácil encarar la entrevista con ligereza y facilidad y salir de ella con una mayor sensación de confianza y satisfacción con lo que hayas hecho.

Si te planteas la escritura de un libro con sinceridad en vez de con seriedad, quizá decidas incluir un detallado homenaje al *World of Warcraft* en el primer capítulo para mostrar a tus futuros lectores que incluso al crear algo tan importante como tu primer libro puedes tratar el proceso con levedad. Al hacerlo, con suerte, contribuirás a que el texto parezca divertido, sin dejar a un lado la ciencia de la productividad, y quizá acabes siendo capaz de experimentar menos estrés y jugar más.

No soy el único médico que opina así. En la serie sobre médicos *Grey's Anatomy,* el doctor Derek Shepherd, el guapo neurocirujano interpretado por Patrick Dempsey, tiene un ritual que lleva a cabo siempre antes de operar. Saluda a su equipo, pone una música de fondo que le da energía y dice: «Hoy es un buen día para salvar vidas. Vamos a divertirnos».

EN RESUMEN

- La seriedad está sobrevalorada. Si quieres llegar más lejos sin arruinarte la vida, el primer paso es abordar el trabajo con predisposición al juego.

- Hay tres modos de incorporar la predisposición al juego en tu vida. El primero es encarar las cosas con predisposición a la aventura. Cuando adoptas la personalidad de juego adecuada, todos los días se presentan con oportunidades de ver la vida como un juego lleno de sorpresas y misiones secundarias.

- Segundo: busca la diversión. Recuerda a Mary Poppins: toda tarea tiene un aspecto divertido, aunque no siempre sea obvio. Intenta preguntarte cómo sería lo que tienes que hacer si fuera divertido y después construye tus proyectos en torno a la respuesta.

- Tercero: rebaja las expectativas. Los fracasos solo lo son si los consideras así, y no todos los problemas deben abordarse con una cara tan larga. Así que ¿cómo harías tu trabajo con menos seriedad y más sinceridad?

CAPÍTULO 2

PODER

En septiembre de 2000, Reed Hastings y Marc Randolph intentaron vender su joven empresa, Netflix, al CEO de Blockbuster Video.[21] Les fue fatal.

La pareja había apostado por lo que pensaban que era un modelo revolucionario de videoclub. Los clientes se podían conectar a una página web, pedir varios DVD y recibirlos y devolverlos por correo. Sin embargo, aunque lo habían dado todo por su empresa, estaban perdiendo dinero a montones. Tenían más de cien empleados, pero solo 3 000 clientes que pagaban por su servicio, e iban camino de perder 57 millones de dólares antes de final de año.

Querían quitarse la empresa de encima. Así que, después de meses de llamadas y correos electrónicos, consiguieron por fin una reunión con el jefe de Blockbuster, John Antioco, en la central de la empresa en Dallas. Era una gran oportunidad: una empresa que cotizaba en bolsa, valorada en 6 000 millones de dólares, con 9 000 tiendas en todo el mundo. Blockbuster dominaba el mercado del video en Estados Unidos. Pero la reunión fue horriblemente mal. Al principio, Antioco y su consejero general, Ed Stead, fueron simpáticos y educados.

Escucharon atentamente la explicación de Hastings y Randolph de por qué debería Blockbuster comprar Netflix, una nueva forma de alquiler para un mundo digital. Pero entonces Antioco hizo la gran pregunta:

—¿Cuánto?

—Cincuenta millones.

Durante un segundo se hizo el silencio. A continuación, Antioco soltó una carcajada.

Diez años después, Blockbuster entró en bancarrota: incapaz de seguir el ritmo de la transición digital, la empresa fue cerrando poco a poco la mayoría de sus tiendas antes de hundirse por completo. Diez años después, Netflix, para entonces un servicio de *streaming,* estaba valorada en bolsa en 300 000 millones y todo el mundo la consideraba una de las empresas más innovadoras del planeta.

Parecía improbable que una compañía de la que se había reído en la cara el CEO de Blockbuster pudiera llegar a ser una de las empresas con más valor del mundo. ¿Cómo lo hicieron? Bueno, hay más de una respuesta a esa pregunta. Hay quienes lo atribuyen a la visión de Hastings y su equipo. Otros, a la coincidencia en el tiempo de su lanzamiento y el despegue de internet. Sin embargo, la explicación más habitual para el éxito de Netflix es más sencilla: su cultura.

Cuando Netflix empezaba a despegar, Reed Hastings contrató a Patty McCord como jefa de talento. McCord había trabajado anteriormente en recursos humanos de otras empresas tecnológicas y no le gustaba el abordaje habitual en la gestión de personal. Quería crear una cultura en la que los empleados sintieran que podían controlar su trabajo. Hastings trabajó con McCord para crear una serie de valores que guiaran la cultura de la empresa, incluidas la atención a la libertad y la responsabilidad. Este giro sutil fue transformador. McCord fue la punta de lanza en un giro copernicano en la relación de Netflix con su plantilla. Se deshizo de las políticas tradicionales sobre vacaciones, horario laboral e informes de rendimiento y concedió más autonomía a los empleados. Mientras cumplieran con sus objetivos, podían hacer lo que quisieran.

En un primer momento sus ideas fueron recibidas con escepticismo. Sin embargo, a medida que la empresa crecía y se desarrollaba, quedó claro que funcionaban. La cultura de Netflix no solo ayudaba a la empresa a atraer el mejor talento, sino que también contribuía a desarrollar mejores ideas: en lugar de confiar en los métodos de investigación de mercado y *focus group* tradicionales, Netflix permitió que sus equipos creativos lideraran el desarrollo y la producción de nuevas series y películas. El resultado fueron algunas de las producciones más reconocidas de la época.

McCord resumió su dedicación a la libertad y la responsabilidad en una sola palabra: poder.[22] Es un término complicado y que puede tener connotaciones negativas: puede evocar imágenes de dictadores totalitarios, jefes horribles y pasillos oscuros donde la gente hace todo lo que puede para ganar y mantener el control sobre los demás. Hay personas que al ver la palabra «poder» piensan: «Eso no va conmigo».

Si eres una de ellas, quiero que empieces a desarrollar una opinión distinta. Cuando McCord eligió esa palabra lo hizo en el sentido de empoderamiento personal: de controlar tu trabajo, de llevar las riendas de tu vida y de ser la única persona que decide sobre tu futuro. El poder no es algo que se ejerce sobre los demás, es algo que sentimos, la energía que nos hace desear subir a lo alto de un campanario y gritar: «¡Yo puedo!».

El poder es nuestra segunda fuente de energía; un ingrediente crucial para sentirse bien y ser productivos. Y lo mejor de todo es que no es algo que tomemos de los demás, sino que es una creación propia.

AUMENTA TU SEGURIDAD

Nuestro viaje por la ciencia del poder empieza en un laboratorio con unas cuantas personas a las que no les gusta hacer ejercicio.

Este grupo de veintiocho estudiantes mujeres[23] se han juntado precisamente porque no suelen hacer deporte a menudo, un hecho que un grupo de científicos de la Universidad de Illinois Urbana-Champaign pensó que era una oportunidad para la investigación. En su estudio, publicado en *International Journal of Behavioral Medicine,* ponía a prueba una hipótesis sencilla: que la confianza en nuestras habilidades atléticas tiene un gran impacto en ellas.

Al principio del experimento se pidió a las veintiocho estudiantes que pedalearan en una bicicleta estática durante un periodo concreto mientras se medían su frecuencia cardiaca y su VO2 máx. (la cantidad de oxígeno que puede absorber y usar el cuerpo durante el ejercicio). Una vez finalizado el ejercicio, los investigadores dividieron a las mujeres en dos grupos basados en su rendimiento. Después de un breve periodo de descanso, dijeron a las estudiantes del grupo A (el grupo seguro de sí mismo) que estaban más en forma que otras mujeres de su misma edad y experiencia. En cambio, a las estudiantes del grupo B (el grupo inseguro) les dijeron que estaban menos en forma. Después dejaron descansar unos cuantos días a los dos grupos.

En realidad era todo una trampa. Ni el grupo seguro de sí mismo estaba más en forma ni el grupo inseguro lo estaba en peor; las habían dividido aleatoriamente en dos grupos no relacionados con su rendimiento. Lo que de verdad interesaba a los científicos era el siguiente paso: tres días después se pidió a las participantes que volvieran al laboratorio a hacer ejercicio durante unos treinta minutos y les pidieron que puntuaran su nivel de disfrute de la nueva sesión.

Los resultados fueron sorprendentes. Los investigadores hallaron que las del grupo seguro de sí mismo, a quienes habían dicho que estaban más en forma, disfrutaron mucho más de la sesión que las del grupo inseguro, a quienes les habían dicho que su salud no era tan buena. Esto siguió siendo cierto incluso al proponer un ejercicio más intensivo y difícil: cuando se pidió a las participantes que pedalearan con más fuerza y durante más tiempo, la diferencia entre los dos grupos se hizo más evidente. Cuando la cosa se ponía difícil, quienes creían que podían hacerlo, independientemente de su capacidad, fueron quienes lo consiguieron. Y, lo que es más importante, las estudiantes a quienes imbuyeron seguridad en sí mismas acabaron disfrutando mucho más del ejercicio.

El estudio exploraba una pregunta sencilla: ¿nuestra seguridad afecta a nuestro rendimiento? La respuesta, respaldada por muchos otros estudios anteriores y posteriores, es sencilla: muchísimo. Confiar en nuestra capacidad para completar una tarea nos hace sentir bien mientras la hacemos y nos ayuda a hacerla mejor.

El origen de esta certeza se remonta al psicólogo canadiense-estadounidense Albert Bandura. A su muerte en 2021, Bandura, nacido en el pequeño pueblo de Mundare, Alberta, en 1925, era uno de los psicólogos más influyentes de la historia. Esto se debió, en gran parte, a un concepto creado por él en 1977 y que lo hizo famoso:[24] la autoeficacia. Basándose en sus investigaciones de la década anterior, Bandura sostenía que lo importante en el rendimiento y el bienestar humanos no son las habilidades propias, sino nuestra actitud frente a ellas. «Autoeficacia» es el término que acuñó para describir esa actitud, que se refiere a nuestra creencia en la capacidad propia para alcanzar un objetivo.

Creer que puedes hacer algo es el primer paso para garantizar que, en efecto, puedas hacerlo.

Simplificando mucho, la autoeficacia es la forma psicológica de referirse a la seguridad. Y hacer crecer esa seguridad es la mejor manera de construir nuestro empoderamiento. En el medio siglo transcurrido desde que Bandura creó este concepto de autoeficacia, centenares de investigadores han mostrado que cuanto mayor es la seguridad en nuestras habilidades, cuanto mayor es nuestra autoeficacia, más crecen estas. En 1998, los psicólogos Alexander Stajkovic y Fred Luthans pudieron afirmar,[25] basándose en 114 estudios con más de 22 000 participantes, que Bandura estaba en lo cierto. Creer que puedes hacer algo es el primer paso para garantizar que, en efecto, puedas hacerlo.

EXPERIMENTO 1: El interruptor de la seguridad

La idea de autoeficacia es intrigante, pero no muy sorprendente. «Por supuesto que nuestra seguridad afecta a nuestras habilidades», pensarás. Puede afirmarlo cualquiera que haya visto desenvolverse en la vida a un ególatra, apoyado únicamente en su inagotable fe en su propia brillantez.

Pero lo que es quizá más sorprendente de este concepto es su gran ductilidad. Desde que Bandura empezó a investigar la ciencia de la seguridad se dio cuenta de algo sorprendente: la autoeficacia es muy fácil de enseñar. Tras décadas de investigación, concluyó que la seguridad no es algo con lo que se nace, sino que se aprende.

En los años posteriores a su revolucionaria idea Bandura identificó unas cuantas herramientas sencillas que pueden transformar la autoeficacia. Por ejemplo, el poder de la persuasión verbal. A Bandura le gustaba señalar una verdad sencilla sobre la autoeficacia: a menudo lo que decimos se convierte en lo que creemos. Así, el hecho mismo de oír pequeñas intervenciones positivas, como «¡Tú puedes!» o «¡Casi!» puede tener un gran efecto en nuestros niveles de seguridad.

Generalmente imaginamos que la fuente de todas esas frases de ánimo es la familia, los amigos, los compañeros de trabajo o los entrenadores personales. Lo que resulta intrigante es que también podemos darnos estos mensajes.

En 2014, científicos de la Universidad de Bangor publicaron resultados de un estudio sobre el poder de hablarse.[26] Se midió el «tiempo hasta el agotamiento» de cada uno de los participantes en el estudio; es decir, cuánto tiempo podían pedalear antes de sentirse incapaces de seguir. A continuación, como con nuestro anterior grupo de ciclistas exhaustas, los dejaron pensar en la experiencia dos semanas. Esta vez, sin embargo, la segunda fase fue distinta. Cuando regresaron a las bicis después del descanso se dividieron en dos grupos. Uno recibió una intervención de diálogo interno positivo, en la que se le mostró una serie de frases motivacionales como «¡Lo estás haciendo bien!» y «¡Tú puedes!», y cada persona eligió cuatro de ellas para decírselas mientras pedaleaba. Al otro grupo no se le dijo nada.

Los científicos pensaron que, casi con total seguridad, aquellos gestos mínimos de automotivación no podrían por sí solos transformar el rendimiento de los participantes. Pero resultó que sí. El grupo que recibió la «intervención sobre diálogo interno» acabó reduciendo significativamente su TAP («tasa de agotamiento percibido» o cómo de agotador percibían el pedaleo) a mitad del ejercicio y mejoraron notablemente su THA («tiempo hasta el agotamiento»). El rendimiento del otro grupo fue exactamente igual al previo.

Este estudio muestra que, si nos convertimos en nuestro propio grupo de animación, podemos influir muchísimo en nuestra productividad. En los años transcurridos desde que leí eso he dado con formas muy concretas de implementarlo. Mi método favorito consiste en algo que yo denomino «darle al interruptor de la seguridad», es decir, desafiarme a comportarme como si estuviera seguro de la tarea que estoy llevando a cabo, incluso cuando no lo estoy.

El método es aún más sencillo de lo que parece. La siguiente vez que sientas que te faltan habilidades para intentar hacer algo, pregúntate: «¿Cómo me comportaría si sintiera seguridad en este campo? ¿Cómo me comportaría si abordara esta tarea con la confianza de que puedo hacerla?».

Yo solía usar mucho este truco cuando trabajaba como mago de cerca en bailes y fiestas de la universidad (sí, yo era un tipo genial). Mi trabajo consistía en ponerme un esmoquin y acercarme a grupos de gente en la fiesta para ofrecerme a hacer unos cuantos trucos. Aunque los había practicado hasta la náusea (pregúntaselo a mis amigos), me seguía aterrorizando la idea de acercarme a un grupo de desconocidos, interrumpir su conversación y tartamudear un poco al ofrecerles hacer mi truco de cartas favorito. En esos momentos de duda sobre mis capacidades respiraba profundamente y activaba internamente mi interruptor de la seguridad. Me recordaba que solo estaba interpretando el papel de un mago seguro de sí mismo y que, aunque yo no me sintiera así del todo, actuaría como si fuera alguien seguro y competente. En todas las ocasiones mi cambio de actitud marcó una enorme diferencia; me acercaba a grupos de desconocidos con un punto de arrogancia, el guion bien ensayado y, cuando acababa, me alejaba con alivio al ver que la estrategia había funcionado.

A menudo me sorprende el gran impacto que puede llegar a tener este método. Por un momento basta para convertir a un mago *amateur* en un profesional. Un músico aficionado y malo en un héroe de la guitarra. Una persona a quien le pone nerviosa hablar en público en una oradora carismática.

La próxima vez que sientas que una tarea o un proyecto son especialmente difíciles, pregúntate: «¿Cómo me comportaría si sintiera seguridad en este campo?». Solo con plantearte la pregunta te visualizarás abordando la tarea en cuestión con confianza. Habrás activado el interruptor.

EXPERIMENTO 2:

El método del modelo social

La persuasión verbal no es el único método que creó Bandura para incrementar la seguridad de las personas. También le interesaba el hecho de que obtenemos esa sensación de quienes nos rodean.

Mi estudio favorito sobre el funcionamiento de esto lo hizo el laboratorio al aire libre de la Universidad Clemson.[27] Te advierto de que no es el típico laboratorio de ciencias. Enclavado en una península boscosa a orillas del lago Harwell, en Carolina del Sur, el laboratorio cuenta con cabañas de madera, caminos por los que hacer senderismo y equipo para practicar deportes acuáticos; ni rastro de placas de Petri. Sin embargo, el contexto recreativo del laboratorio esconde una intención científica seria. A lo largo de los años ha sido el escenario de muchos experimentos psicológicos pioneros, como el estudio de 2007 con 38 niños y niñas, de entre seis y dieciocho años, a quienes invitaron a usar el rocódromo de la universidad.

Al llegar dijeron a los alumnos que su objetivo para aquel día era alcanzar el punto más alto de la pared del rocódromo, una de las principales instalaciones del laboratorio al aire libre de Clemson. Era un reto abrumador; la mayoría no habían visto un rocódromo en su vida. A los científicos que estaban haciendo el estudio les interesaba ver quiénes completarían la tarea y qué podría aumentar la probabilidad de que esto sucediera.

Los niños y las niñas, sin saberlo, habían sido divididos en dos grupos antes de su llegada. Al grupo 1 se le había mostrado un video corto de una persona escalando una pared muy parecida a la del rocódromo, mientras que el grupo 2 no había visto ningún video. En todos los demás aspectos los grupos eran idénticos.

Increíblemente, el solo hecho de ver aquel video causó un gran efecto. Aunque ambos grupos de escaladores recibieron las mismas instrucciones a su llegada al rocódromo, el que había visto al escalador «modelo» subir por la pared a la que estaban a punto de enfrentarse lo acabó haciendo mucho mejor. Se sentían más seguros al respecto de su habilidad para escalar, disfrutaron más de la actividad y su rendimiento fue mejor.

¿Por qué un cambio tan pequeño influyó tanto? Si se lo preguntáramos a Albert Bandura, probablemente lo atribuiría a algo llamado «experiencia indirecta de dominio». Es lo que sucede cuando observas o escuchas a otra persona hacer una tarea relacionada con la que tú estás a punto de desempeñar. Ver el ejemplo de la otra persona incrementa tu seguridad.

La mayoría hemos experimentado una experiencia indirecta de dominio, aunque no supiéramos que se llama así. Imagina que te está costando sacar adelante un gran proyecto de investigación en tu trabajo. Eres la única persona destinada a esa tarea y resulta un poco abrumadora. Después de unos alarmantes días de improductividad, empiezas a pensar que no solo es difícil, sino que es imposible. A medida que te convences de que lo que estás intentando hacer es del todo inalcanzable, te alejas cada vez más del objetivo.

Ahora imagina la misma tarea, excepto que esta vez, antes de empezar el proyecto, ves a otra persona presentar uno de un tema parecido. El contenido de su presentación es completamente distinto del tuyo, pero sabes que esa tarea no es imposible, puesto que se la has visto hacer a otra persona. Tu seguridad en que la tarea se puede dominar ahora es mayor. De forma indirecta.

Bandura argumentó que rodearse de personas perseverantes y que se esfuerzan en superar las dificultades puede incrementar nuestra sensación de autoeficacia, porque nos demuestran que se pueden superar. Citando a Bandura, «ver a personas parecidas a nosotros triunfar mediante el esfuerzo constante incrementa la creencia del observador de que posee la capacidad de dominar actividades similares y alcanzar el éxito».

Como el diálogo interno positivo, podemos integrar estas experiencias indirectas de dominio en nuestra vida. Mi forma favorita de hacerlo es consumir distintas formas de contenido creado por mis modelos de comportamiento. He notado que mi seguridad aumenta sustancialmente cuando leo libros, escucho pódcast o veo videos con historias de personas que triunfan en las áreas en las que quiero sentirme más empoderado.

Por ejemplo, cuando trabajaba en el hospital, de camino al trabajo solía escuchar el pódcast *RCP Medicine,* producido por el Real Colegio de Médicos de Reino Unido. Escuchar a distintos médicos hablar sobre su abordaje de los diagnósticos y la gestión aumentaba mi seguridad de que podía sacar adelante el trabajo.

Cuando estaba creando mi primer negocio en línea dediqué mucho tiempo a escuchar el pódcast *Indie Hackers,* que incluye entrevistas con emprendedores que han construido increíbles empresas en línea gestionadas por una sola persona desde sus recámaras. Hablaban de las dificultades a las que se habían enfrentado y cómo las habían superado, lo que aumentó mi propia seguridad cuando llegó el momento de lidiar con cosas parecidas.

En mi nueva vida como escritor descubrí que ver, escuchar e incluso entrevistar a autores de mucho éxito es casi lo que más incrementa mi sensación de «tú puedes».

Si ellos pueden, tú también.

Es una herramienta que todo el mundo puede usar. Busca a personas que se estén enfrentando a los mismos retos que tú y pasa tiempo con ellas, o busca otras formas de escuchar sus historias. Al sumergirte en el éxito de forma indirecta estarás construyendo una historia muy potente en tu mente: si ellos pueden, tú también.

SUBE DE NIVEL TUS HABILIDADES

Anakin Skywalker empieza su viaje como un niño de ocho años de Tatooine que hace carreras para intentar ganar dinero para alimentar a su familia. A lo largo de las siguientes tres entregas de *Star Wars* aprende a usar la Fuerza, se entrena con el sable de luz y se convierte en uno de los *jedis* más poderosos de la galaxia.

Katniss Everdeen empieza su viaje como una joven de dieciséis años del Distrito 12 que caza ilegalmente para que su madre y su hermana pequeña tengan algo que comer. Después de presentarse voluntaria para competir en los mortales Juegos del Hambre, la vemos convertirse en una arquera experta y en una gran estratega que establece alianzas inesperadas y lidera una revuelta contra la opresión del Capitolio. Contra todo pronóstico, se convierte en un símbolo de esperanza y resistencia para todo el país: el legendario Sinsajo.

Y en mi favorita, *Avatar: la leyenda de Aang,* nuestro protagonista, Aang, empieza siendo un niño de un pueblecito que se esfuerza por controlar sus poderes sobre el elemento aire. A lo largo de la serie explora el mundo y lo vemos convertirse al final en el poderoso Avatar, que domina los cuatro elementos (tierra, aire, agua y fuego). Al final de la serie llega incluso a salvar al mundo de la destrucción en un enfrentamiento épico contra el señor del fuego, Ozai.

Estos tres arcos narrativos, junto con otros miles en narraciones y fábulas a lo largo de milenios, ilustran una forma de incrementar la sensación de poder. Todos estos protagonistas empiezan su historia siendo jóvenes aprendices sin experiencia. Con el tiempo vemos, leemos o escuchamos cómo superan grandes obstáculos y crecen como personas, y cada uno de sus éxitos contribuye al siguiente, y al siguiente, y al siguiente.

Nuestro amigo Albert Bandura tiene un nombre para este proceso:[28] experiencias reales de dominio. La experiencia real de dominio es complementaria a la indirecta, que acabamos de explicar. Según Bandura, una experiencia real de dominio define el proceso de aprender haciendo.

Aprender haciendo es una de las fuerzas más potentes de la psicología humana. Es la segunda estrategia clave para construir nuestra sensación de poder. ¿Por qué? Porque cuanto más hacemos algo, mayor es nuestra sensación de control. Aprendemos, subimos de nivel nuestras habilidades, aumenta nuestra seguridad y, por tanto, nos empoderamos.

EXPERIMENTO 3: El abordaje shoshin

Lo más interesante de estas experiencias de aprendizaje es que se pueden incorporar en nuestra vida con relativa facilidad. Podemos aprovechar el potencial del dominio real incluso en áreas en las que sentimos que no estamos avanzando en absoluto.

Aprendí mi forma favorita de hacerlo con la historia de Phil Jackson. A la mayoría de los aficionados al básquetbol les sonará el nombre de Jackson. Quizá sepan que fue el entrenador que trasformó la cultura de los Chicago Bulls en la década de 1980. Quizá sepan también que, como entrenador, lideró a su equipo hacia la victoria de tantos campeonatos de la NBA en la década de 1990 que empezó a ser hasta vergonzoso. (Fueron seis, por cierto). O quizá sepan que, más que ningún otro entrenador, fue Jackson quien ayudó a convertir a Michael Jordan en una leyenda.

Lo que, sin embargo, no es tan conocido es el inusual origen de la filosofía deportiva de Jackson: el budismo zen.

El zen es una rama del budismo que hace hincapié en la práctica de la meditación como medio para la iluminación espiritual. El zen promueve que los individuos miren hacia su interior y descubran su propio camino para entender la naturaleza de la realidad. Esto, según Jackson, fue un elemento integral en todos sus éxitos.

Un concepto zen que surgía constantemente en los entrenamientos de Jackson era la palabra japonesa *shoshin,* que puede traducirse más o menos como «mente de principiante». El *shoshin* define un estado mental en el que se abordan las tareas con la curiosidad, la amplitud de miras y la humildad de un principiante.

Puede sonar raro oír que adoptar una mente de principiante pueda ayudar a convertirse en experto en un campo determinado. ¿Acaso un principiante no es alguien que, por definición, no tiene ni idea de lo que hace? Sin embargo, el *shoshin* puede tener un gran impacto en todo, porque nos permite ver las cosas con una perspectiva nueva.

Piensa en una habilidad que lleves años aprendiendo. Seguramente tienes una forma concreta de hacerla; si te gusta dibujar, sabrás por dónde te gusta empezar los retratos. Si juegas a un deporte, seguramente sepas qué posición sobre el terreno de juego es la que mejor se adapta a tu talento. Tus experiencias te habrán llevado por un camino mucho más concreto del que llevabas al principio.

Los principiantes, en cambio, no tienen ninguna de esas ideas preconcebidas. Son más propensos a intentarlo, aunque puedan fracasar. Empezarán con la parte del retrato que quieran. Les da igual ocupar cualquier posición sobre el terreno de juego, aunque se les dé muy mal. Los principiantes son más propensos a cometer errores, que es precisamente lo que hace falta para aprender.

Si intentamos ver el mundo con una perspectiva nueva, podemos mantener este proceso de aprendizaje durante mucho más tiempo del habitual. Para los Chicago Bulls esto significó abordar cada momento con amplitud de miras, sin sesgos a favor de determinados caminos o estrategias. Y, según Jackson, estos fueron los cimientos del éxito del equipo.

Así que ¿cómo podemos integrar esta perspectiva de principiante en nuestra vida? La respuesta empieza por hacernos recordatorios sencillos.

Si tu mundo son los negocios, el *shoshin* puede implicar introducir la innovación y la experimentación y recordarte que los «maestros» acaban limitados por sus propias creencias sobre lo que hay que hacer y cómo, mientras que los principiantes buscan nuevos enfoques para la resolución de problemas y exploran nuevos mercados y oportunidades. Si trabajas en ámbitos creativos, como la escritura o la música, el *shoshin* puede significar interesarte a propósito por distintas técnicas y obligarte a colaborar con personas con distintos estilos. Los principiantes no tienen creencias inamovibles sobre lo que funciona y lo que no, así que prueban.

Al abandonar la idea de que lo sabemos todo, o deberíamos, en realidad nos sentimos más poderosos. De este modo, el *shoshin* puede ayudarnos a abordar los retos con más curiosidad, humildad y resiliencia y ayudarnos a aprender.

EXPERIMENTO 4:

El efecto del protegido

Cuando estudiaba la carrera de Psicología me gustó descubrir que los hermanos mayores suelen tener, en promedio, un coeficiente intelectual ligeramente más elevado que los menores. Durante mucho tiempo me pregunté por qué me molestaba tanto de niño mi hermano pequeño. Ahora lo sé.

Los científicos han intentado dar distintas explicaciones a este fenómeno a lo largo de los años. ¿Podría ser porque los padres tienden a invertir más tiempo y energía en sus primogénitos que en los siguientes hijos? ¿Podría ser porque los primogénitos tienen más probabilidad de relacionarse con adultos, lo que contribuye a su desarrollo del lenguaje? ¿O podría ser porque los padres tienden a esperar más de sus primeros hijos que de los siguientes, lo que los empuja a esforzarse más en la escuela?

No hay un veredicto al respecto, pero sí una interesante explicación fruto de un estudio llevado a cabo en la Facultad de Educación de Standford en 2009.[29] Los investigadores pusieron a 62 alumnos de 13-14 años en un aula de Biología y los separaron en dos grupos de forma aleatoria. Al primero le pidieron que estudiara un material como lo hicieran normalmente, con el objetivo de sacar una buena calificación en el examen que se haría al final de la clase. Al segundo grupo le dijeron que tendrían que enseñar el material a un avatar generado por computadora y que se evaluaría su rendimiento en función de lo bien que lo aprendiera el «alumno» digital.

Al final de la clase ambos grupos hicieron el mismo examen para evaluar su conocimiento del material. Curiosamente, los investigadores hallaron que los alumnos del segundo grupo, que enseñaron el material a un alumno generado por computadora, aprendieron más que quienes solo estudiaron para el examen. En circunstancias idénticas, con el mismo material, las personas que tenían que enseñar a otras sobre un tema se lo aprendieron mejor. Los investigadores llamaron a este fenómeno el «efecto del protegido».[30]

Desde entonces los investigadores del campo de la inteligencia humana han sugerido que tal vez los hermanos mayores tienen un coeficiente intelectual superior en promedio y obtienen mejores resultados en la escuela que los pequeños debido a este fenómeno.[31] Los hermanos mayores adoptan el papel de maestros o mentores de sus hermanos: los mayores (como yo) a menudo ayudan a sus hermanos pequeños (como el mío) con los deberes, responden a sus preguntas sobre el mundo y comparten sus experiencias y conocimientos, por dudosos que sean.

El efecto del protegido nos apunta hacia otro método para aumentar el número de experiencias de aprendizaje en nuestra vida. Como dijo el filósofo Séneca, «*qui docet discit*» («quien enseña aprende»). Una vez que entiendes el poder del efecto del protegido, asumir el rol de «maestro» en casi cualquier caso se convierte en algo sorprendentemente sencillo.

Supongamos que trabajas en desarrollo de programas informáticos; puedes ofrecerte para mentorizar a desarrolladores júnior o becarios. Al explicar ideas complejas de programación y buenas prácticas a otra persona, te verás en la obligación de pensar más a fondo en ello, lo que hará que entiendas mejor esos conceptos y mejores tus habilidades.

O supongamos que trabajas en el área comercial. Puedes ofrecerte para formar a los nuevos comerciales o a hacer talleres para tu equipo. Al compartir tus técnicas y estrategias con los demás, tendrás que refinar tus habilidades y adquirir nuevos conocimientos del proceso de ventas. También te ayudará a desarrollar las habilidades de tus compañeros, lo que, en última instancia, beneficiará a todo el equipo.

**No hay que ser un gurú.
Basta con ser un guía.**

Y si te preocupa no tener suficiente cualificación para enseñar a los demás, vale la pena recordar que las personas de quienes aprendemos mejor son, muchas veces, las que solo están un paso por delante en el camino. Así que cualquiera puede enseñar.

No hay que ser un gurú. Basta con ser un guía.

TOMA EL CONTROL DE TU TRABAJO

Desde principios de la década de 1970, el psicólogo Edward Deci se planteó una única pregunta: ¿qué motiva a la gente a hacer cosas complicadas?

Era un tema que lo había fascinado desde los inicios de su carrera. Solo un año después de acabar su doctorado en la Universidad Carnegie Mellon en 1970, publicó un artículo muy influyente en el que se pedía a las personas que resolvieran un rompecabezas llamado cubo Soma (ligeramente parecido al cubo de Rubik). Así halló que, extrañamente, las personas a quienes se ofrecía una recompensa económica por resolver el rompecabezas tenían menos probabilidad de disfrutar de la tarea y más de abandonar la resolución si se retiraba la recompensa, en comparación con quienes no recibían ninguna oferta económica.

Al parecer, la recompensa material hacía que las personas se implicaran menos en la tarea, no más. La conclusión de Deci fue que ofrecer una recompensa material puede, curiosamente, reducir la motivación.

Cuando, en 1977, Deci conoció a otro joven psicólogo, Richard Ryan, los dos se embarcaron en una relación profesional que transformaría nuestra forma de entender la motivación. Durante los veinticinco años siguientes Ryan y Deci desarrollaron una forma completamente distinta de pensar sobre cómo hacemos las cosas difíciles. Su contribución culminó en 1981, con su definición de la «teoría de la autodeterminación».

Hasta ese punto, la mayoría de los científicos pensaba que la motivación se alimentaba, sobre todo, con incentivos como recompensas y castigos. Sin embargo, Deci y Ryan demostraron otra cosa.

Animaban a sus lectores a ver la motivación como un espectro continuo de «extrínseca» a «intrínseca». La motivación intrínseca nace del interior y la alimentan la autorrealización, la curiosidad y el deseo genuino de aprender. La motivación extrínseca nace del exterior y la alimentan los aumentos de sueldo, las recompensas materiales y la aprobación social. No obstante, estas dos formas de motivación no son iguales. Según la teoría de la autodeterminación, la motivación intrínseca es sustancialmente más potente que la motivación extrínseca.[32] La motivación duradera es la que nace de dentro.

La gradación de la motivación

Motivación extrínseca	**Motivación intrínseca**
❑ Recompensas y castigos	❑ Autorrealización
❑ Aprobación social	❑ Curiosidad y aprendizaje
❑ Objetivos de rendimiento	❑ Crecimiento personal

Pero la teoría de Deci y Ryan no se quedaba ahí, porque también mostraba que la motivación intrínseca se puede construir. Ya desde la década de 1980 demostraron que la motivación intrínseca se puede mejorar de varias maneras; la principal, mediante la sensación de autonomía o, en otras palabras, al sentir que lo que estamos haciendo nos pertenece. Este es el último elemento de la sensación de poder que nos aporta energía, a nosotros y a nuestro trabajo.

Deci y Ryan argumentaban que cuando las personas advierten que controlan sus actos es mucho más probable que sientan una motivación intrínseca para implicarse en ellos. Por eso en el experimento con el cubo Soma la recompensa económica reduce la motivación de las personas. No sienten la tarea como propia, sino que la hacen para obtener una recompensa externa. Su sensación de control se reduce y, con ella, su motivación.

Esto nos pasa en la vida. La necesidad de control es lo que nos hace odiar que nuestros padres y nuestros jefes estén todo el día encima supervisándonos. Nuestra necesidad de control es el motivo por el que nos gusta tanto decorar a nuestro gusto nuestra habitación de la infancia (o nuestro hogar de adultos). Cuando nos arrebatan el control de nuestra vida —si acabamos en la cárcel o atrapados en un trabajo que no nos gusta—, las consecuencias para nuestra salud física y mental son desastrosas.

El problema es que la toma de control no siempre es fácil. Es obvio que algunos tenemos empleos en los que podemos ejercer mucho control en el día a día. Los emprendedores exitosos tienen autonomía para dirigir el rumbo de sus negocios. Los nómadas digitales son libres de ir por todo el mundo y trabajar desde la primera cafetería que encuentren. Sin embargo, hay otros empleos que no lo permiten tanto. Los recepcionistas de hotel deben estar en el mostrador para despedir y saludar a los clientes, no pueden trabajar desde casa. Los médicos residentes de los hospitales tienen que ver a todos los pacientes de la lista, no pueden decidir saltarse a los que han sido maleducados.

Pero lo potente de la idea de apropiación es que se puede integrar casi en cualquier contexto. Muy a menudo nos encontramos en situaciones que no nos gustan y nos lanzamos al fatalismo. «No me gusta el lugar donde vivo, pero no puedo mudarme». «No me gusta hacia dónde va mi relación, pero no puedo hacer nada para cambiarla». «Este trabajo me aburre, pero no puedo hacer nada para cambiarlo».

A veces es verdad: no podemos hacer nada. Sin embargo, a menudo podemos intervenir más de lo que pensamos, si no sobre toda la situación, al menos sobre alguna de sus partes. Aunque no lo sepamos, tenemos el control.

EXPERIMENTO 5:

Toma el control del proceso

Mi ejemplo favorito de la gran capacidad humana para tomar el control de una mala situación es FiletOfFish1066.[33]

En junio de 2016, el caballero tras la cuenta de Reddit FiletOfFish1066 saltó a los titulares por haber sido despedido. Llevaba seis años como desarrollador de programas informáticos en su empresa y su trabajo consistía básicamente en probar programas en el departamento de control de calidad. Era muy aburrido. Lo único que hacía era ejecutar las mismas pruebas de siempre sobre los mismos programas informáticos de siempre, siguiendo siempre los mismos pasos.

Así que a FiletOfFish1066 se le ocurrió un plan. Sin decírselo a su jefe, dedicó los primeros ocho meses que pasó en la empresa a crear un programa informático que le permitiera automatizar su trabajo. A partir de ese momento, el programa a medida que había creado funcionó solo, ejecutando a la perfección las pruebas de control de calidad. Su jefe nunca habló con él, porque pensaba que todo estaba bien. Esto fue lo que escribió en una publicación en Reddit después de su despido: «Desde hace unos seis años hasta ahora no he hecho nada en el trabajo. No lo digo en broma. Durante cuarenta horas, todas las semanas, voy a mi puesto de trabajo, juego al *League of Legends* en mi oficina, miro Reddit y hago lo que me da la gana. En los últimos seis años debo de haber trabajado de verdad unas cincuenta horas. Así que, básicamente, nada. Y a todo el mundo le dio igual».

Por desgracia para FiletOfFish1066, cuando llevaba más de media década con su ingenioso plan alguien del departamento técnico averiguó lo que estaba pasando y se lo comunicó a su jefe. Lo castigaron por tener la audacia de automatizar su propio trabajo.

No estoy insinuando que FiletOfFish1066 tuviera una estrategia laboral impecable, ni que sea un dechado de virtudes. Pero sospecho que las acciones de FiletOfFish1066 nos dan una pista sobre cómo crear sensación de control, incluso en situaciones en las que contamos con poca independencia. Cuando no podemos apropiarnos de la situación, sí podemos hacerlo del proceso.

Cuando no podemos apropiarnos de la situación, sí podemos hacerlo del proceso.

FiletOfFish1066 comprendió que quizá no tenía control sobre lo que hacía al tener que llevar a cabo lo que le pedía su jefe. Sin embargo, eligió apropiarse de cómo hacerlo. Había muchas cosas sobre las que no podía influir: los programas informáticos que probaba, las prioridades de su jefe o la cantidad de trabajo que le asignaban. En cambio, sí había muchos factores que estaban en sus manos: en qué orden llevar a cabo las tareas de su lista, la gestión del tiempo, el uso de las herramientas que le habían dado... Así fue como entendió que su trabajo podía automatizarse y acabó dedicando ocho meses a construir sistemas y procesos para hacerlo.

De esta historia podemos aprender algo. Casi siempre hay una forma de apropiarnos del proceso de una tarea, aunque el resultado lo haya determinado otra persona. Si trabajas en atención al cliente, seguramente no controlas las políticas de la empresa, pero sí puedes decidir cómo será tu interacción con los clientes. Puedes hacer el esfuerzo de escucharlos, empatizar con sus frustraciones y buscar formas creativas de solucionar sus problemas.

Si te dedicas a la enseñanza, seguramente no puedas decidir el plan de estudios, pero sí puedes decidir cómo enseñas los temas. Puedes buscar formas innovadoras de relacionarte con los alumnos, crear actividades divertidas para reforzar los conceptos y dar una atención personalizada a cada alumno para ayudarlo a mejorar. Si trabajas en una fábrica o en una línea de ensamblaje, seguramente no decides los objetivos de producción, pero sí puedes decidir cómo contribuir al proceso. Puedes buscar formas de optimizar tus tareas, identificar posibles problemas de calidad antes de que surjan y ofrecer sugerencias de mejora del proceso.

Haciendo las cosas a tu manera puedes ganar mucho poder, incluso en las circunstancias más desempoderantes.

EXPERIMENTO 6:

Toma el control de tu actitud

Yo desarrollé la forma definitiva de construir motivación intrínseca cuando trabajaba como médico residente. La primera vez fue cuando estaba acabando un turno muy largo en el pabellón de Ginecología y Obstetricia. Cuando estaba a punto de irme, una de las enfermeras vino a preguntarme: «Doctor Ali, ¿podría ponerle una vía intravenosa a la señora de la cama 4?».

Me vine abajo. Sabía que me iba a costar encontrar la vena de la paciente y que intentar poner esa vía iba a hacer que mi salida se retrasara al menos otra media hora. Al ir a buscar el instrumental sentí que me inundaba el resentimiento. Si me hubiera ido unos minutos antes, habría puesto la vía el médico del turno de noche y yo podría estar ya de camino a casa, parando en el McDonald's para tomar algo de cena y escuchando un audiolibro. Pero ahora estaba allí y tenía que solucionar aquello.

Entonces oí a una paciente de otra cama hablar con su marido. Estaba explicándole efusivamente la maravillosa experiencia que estaba teniendo en el hospital y lo agradecida que estaba a los médicos y las enfermeras que la estaban cuidando. Eso me hizo frenar. Estaba a punto de usar mi formación médica para poner una vía que proporcionaría a una joven embarazada de doce semanas de su primer hijo los fluidos que necesitaba aquella noche para calmar las náuseas. Eso la ayudaría a encontrarse mucho mejor. Y también iba a ayudar al bebé que crecía en su interior.

¿Cómo podía estar refunfuñando? Yo había elegido ese trabajo. Me había formado durante ocho años para llegar a ser útil para los pacientes que sufrían frente a mí, y ahora que por fin tenía la oportunidad de cumplir con ese cometido, me estaba quejando por tener que trabajar unos minutos más.

Comprendí que no podía decidir no poner aquella vía, pero sí podía decidir cambiar de actitud. Recordé una idea que había visto por primera vez en una entrevista con el escritor Seth Godin. Dar vueltas con el ceño fruncido y pensando «¿Por qué tengo que hacer yo esto?» era una decisión, pero también podía abordarlo de otro modo. Podía decirme: «Yo elijo hacer esto. Tengo la oportunidad de hacerlo». O incluso: «Es una bendición ser capaz de hacerlo». Con este cambio de actitud, de «tengo que» a «elijo», entré en la habitación de la paciente con buen paso y una sonrisa en el rostro, listo para poner esa vía.

No soy la primera persona que recurre a este método. En 2021, un grupo de académicos creó un ingenioso conjunto de estudios diseñado para evaluar si la sola idea de tomar el control de las propias acciones podía afectar a su percepción y comportamiento.[34] La mitad de los participantes fueron asignados a un grupo en el que les pedían que escribieran tres decisiones que hubieran tomado el día anterior, como, por ejemplo, «ayer decidí madrugar», «decidí comer sopa instantánea a mediodía», «decidí posponer una vez el despertador antes de levantarme», etcétera. En cambio, a la otra mitad de los participantes les pidieron que escribieran tres cosas que hubieran hecho el día anterior: «desayuné», «fui de compras», «fui al gimnasio».

Después de la tarea de escritura se pidió a ambos grupos que reflexionaran sobre su vida en un sentido más amplio. En una parte del estudio se pidió a los participantes que puntuaran del 1 al 5 características relacionadas con la fuerza física, respondiendo a preguntas del tipo «¿Tienes buenos músculos?», «¿Eres una persona fuerte?» o «¿Tienes una buena constitución?». Las personas a quienes les hicieron recordar sus decisiones previas se puntuaron como más musculosas, fuertes y bien constituidas, en comparación con el grupo de control. Citando a los autores del estudio, «hacer hincapié en las decisiones generó una predisposición a la sobrevaloración [...], a la sensación de ser sin duda distintos, más grandes y fuertes que el resto». Bastó cambiar su actitud, del «tengo que» al «elijo», para aumentar su sensación de control, de poder y, a su vez, de capacidad.

Tú puedes hacer lo mismo. «Tener que» es una forma coercitiva que nos hace sentir desempoderados. «Elegir» manifiesta autonomía y nos hace sentir poderosos. Cuando sientas que hay algo que tienes que hacer, dale una vuelta. ¿Qué decisiones te condujeron a ese punto? ¿Hay algún modo de convertir ese «tengo que» en un «elijo»? Y si estás haciendo algo que de verdad no elegiste, ¿qué decisiones puedes tomar al hacerlo?

Viktor Frankl, el psiquiatra austriaco superviviente del campo de concentración de Auschwitz durante la Segunda Guerra Mundial, lo expresó de un modo muy bello: «A un hombre se le puede quitar todo menos una cosa: la libertad última, elegir su actitud ante una serie de circunstancias, elegir cómo actuar».

EN RESUMEN

- «Poder» es una palabra que da miedo, pero no tiene por qué ser así. Cuando decimos que el poder es la segunda fuente de energía no hablamos de ejercerlo sobre los demás. En este caso nos referimos solo a la sensación de empoderamiento en el trabajo, la vida y el futuro, a la sensación de que dependen de ti.

- Hay tres formas de incrementar esa sensación de poder desde ya mismo, empezando por la seguridad. Creemos que nuestra seguridad es algo fijo, pero en realidad es muy dúctil, así que ¿por qué no pulsas el «interruptor de la seguridad» e interpretas el papel de alguien que ya tiene mucha seguridad en sí mismo?

- A continuación, sube de nivel tus habilidades. Pregúntate cómo harías una tarea si fuera la primera vez que la haces. ¿Y cómo podrías empezar a enseñar a otras personas, aunque aún tengas poca experiencia?

- Por último, piensa en formas de apropiarte de lo que haces, incluso en los momentos en los que no tengas tanto control de la situación como te gustaría. Recuerda: si no puedes elegir de qué trabajas, sí puedes elegir cómo hacerlo. El resultado no siempre está en tus manos, pero el proceso y, por supuesto, tu actitud, muchas veces sí.

CAPÍTULO 3

GENTE

¿Has notado alguna vez que después de quedar o de trabajar con determinadas personas sientes que podrías conquistar el mundo? Hay personas que te suben la moral y te llenan de energía, y quieres pasar tiempo con ellas.

Por otro lado, seguramente también te habrás encontrado con personas que te agotan y te vacían cuando interactúas con ellas, como si ensombrecieran tu estado de ánimo y tu motivación. La gente aprende a huir de ellas como de la peste. Y rápido.

Tengo una amiga que llama a estos últimos «vampiros de energía». Extraen la energía vital de las reuniones sociales y dejan a todos los presentes al borde del agotamiento. Cuando oí por primera vez este término pensé que era un poco demasiado duro y un poco demasiado fantasioso. Pero mi amiga tenía algo de razón.

Hace mucho tiempo que los científicos conocen la existencia de una «energía relacional»;[35] es decir, el hecho de que nuestras interacciones con los demás pueden tener un gran efecto en nuestro estado de ánimo. En un estudio de 2003, los profesores de Psicología Rob Cross, Wayne Baker y Andrew Parker crearon el concepto de «mapa de energía».[36] Trabajaron con consultores y puestos intermedios de unas cuantas grandes empresas para estudiar quién trabajaba con quién y qué impacto podía tener alguien en concreto en los niveles de energía de otras personas. ¿Y qué descubrieron? Pues hubo un consenso muy amplio sobre qué personas llenaban de energía a las demás (y qué personas la robaban) en cada uno de los niveles de las grandes empresas. Estar cerca de determinadas personas es una pesadilla.

En los años que han transcurrido desde entonces la energía relacional se ha convertido en una de las ideas más abordadas en la ciencia de las organizaciones. Definida como la «sensación positiva y de incremento de los recursos propios que se experimenta como resultado de la interacción directa con otra persona», la energía relacional fue objeto de solo ocho estudios en 2010, mientras que en 2018 el número era cercano a ochenta.

Así que la energía relacional nos proporciona nuestra última fuente de energía: la gente. Como mostró ese estudio de 2003, las personas pueden mejorar nuestro estado de ánimo y aumentar nuestra productividad. Sin embargo, esto no es algo que venga dado. Hay que pensar mucho sobre cómo conectamos con los demás. En este capítulo exploraremos distintas formas de rodearnos de personas para sentir que nuestra energía se recarga y poder hacer más cosas que importan.

BUSCA TU ENTORNO

Nuestra primera reflexión sobre los efectos que tiene la gente en nuestro bienestar procede de la escena del *glam rock* de la década de 1970.

Empezaba una nueva década y Brian Eno buscaba una forma de encaminarse a una vida de satisfacción en la mediocridad. Recién graduado en la Escuela de Artes de Winchester, había participado en unos cuantos proyectos musicales vanguardistas en los últimos años: había tocado la batería de vez en cuando en grupos de *art rock* y había grabado alguna que otra canción con su gastado magnetófono, pero nada había acabado de despegar. Parecía que su vida se encaminaba a convertirse en una figura querida, aunque periférica, en el mundo del *rock* de Londres.

Pero entonces, un día de 1971 conoció por casualidad a un músico local y eso lo cambió todo. Eno estaba esperando su tren cuando se encontró con un conocido, el saxofonista Andy Mackay, que lo invitó a ir al club local donde él iba a tocar. Cuando llegaron la atmósfera era eléctrica: el público estaba muy emocionado y la energía de aquella sala atrapó a Eno. Más tarde él mismo hablaría de aquel encuentro casual con Mackay: «Si me hubiera parado diez metros más lejos en el andén, o hubiera perdido el tren, o me hubiera subido a otro vagón, seguramente ahora sería profesor de arte».

En lugar de eso, Eno se vio inmerso en una escena musical vibrante y entusiasta. Durante las semanas siguientes habló de música con las personas que conoció y empezó a producir las mejores obras artísticas de su vida. Con Mackay fundó el influyente grupo de *glam rock* Roxy Music y con el tiempo se convertiría en uno de los músicos y productores más significativos del pasado siglo.

Años después Eno reflexionó sobre la importancia que tuvo aquella comunidad musical única para el lanzamiento de su carrera. Se percató de que los músicos más innovadores y rompedores de su época no trabajaban solos; formaban parte de un contexto más amplio de artistas, productores y aficionados que se impulsaban mutuamente para explorar nuevos sonidos e ideas. Eno descubrió el genio de la escena colectiva o, como lo llamó él, el *escenio.*

Yo mismo he experimentado los efectos de este *escenio.* Una cosa que no me gustaba de la Facultad de Medicina era la competitividad. Todo el mundo intentaba sacar la calificación más alta, obtener reconocimientos académicos o la mejor plaza en el programa de residencia. Algunos llevaban demasiado lejos la actitud competitiva. Un tipo que conocía se llevó prestadas de la biblioteca varias copias del mismo libro para que los demás no pudieran usarlo. Estos entornos animan a las personas a ver la vida como un juego de suma cero: para que ellos ganen tienen que perder otros.

Pero yo al final aprendí que hay otra forma de abordar la relación con nuestros semejantes. La Facultad de Medicina no era una competencia; todos formábamos parte de la misma escena. Y al entender esto fuimos capaces de acceder a un gran apoyo que nunca habríamos tenido si hubiéramos seguido solos.

EXPERIMENTO 1:

La actitud de camaradería

¿Cómo podemos incorporar este *escenio* en nuestra cotidianeidad? Para empezar, hay que dar un ligero giro: debemos entender el trabajo en equipo de otra manera.

Cuando alguien pronuncia la expresión «trabajo en equipo» tendemos a imaginar un conjunto de comportamientos: repartirse el trabajo de forma justa o quizá ayudar a otra persona que se quedó atascada. Y, desde luego, una parte del trabajo en equipo consiste en eso. Sin embargo, hay otra forma de entender el trabajo en equipo, que consiste en considerarlo más una forma de pensar que de hacer.

El trabajo en equipo es tanto un estado psicológico como una forma de dividir las tareas.

O al menos esto es lo que sugieren los profesores de Stanford Gregory Walton y Priyanka Carr.[37] Ellos dicen que el trabajo en equipo es tanto un estado psicológico como una forma de dividir las tareas. En un estudio publicado en 2014 dividieron a 35 participantes en grupos de entre tres y cinco personas. Después de que se conocieran y se presentaran, los llevaron a salas individuales. Los científicos dieron a cada una de las personas un rompecabezas y les dijeron que podían tomarse todo el tiempo que necesitaran, mucho o poco, para resolverlo.

Después de trabajar en sus rompecabezas durante unos cuantos minutos, todos los participantes recibían un consejo escrito a mano en un papel sobre cómo hacerlo. Todos los consejos eran iguales (y ayudaban de verdad). No obstante, había una diferencia muy importante: a algunos de los participantes les dijeron que lo había escrito uno de los científicos que estaba llevando a cabo el estudio. A otros, en cambio, les dijeron que lo había escrito uno de los participantes, a los que habían conocido hacía un momento.

Esta pequeña diferencia afectó mucho a la sensación de los participantes en relación con el experimento. Las personas a quienes les dijeron que el consejo venía de los científicos tuvieron una percepción más marcada de que estaban trabajando aparte de los participantes que habían conocido. Cuando les pidieron que describieran lo que habían hecho en el estudio, algunos respondieron: «Armé un rompecabezas individual mientras otras personas hacían el mismo rompecabezas». Estaban trabajando en paralelo, no juntos.

En comparación, las personas a quienes les dijeron que el consejo procedía de otro compañero eran más propensas a sentir que formaban parte de un equipo; que «intentaban colaborar con compañeros invisibles mandándose consejos». Cuando les preguntaron cómo se habían sentido durante el estudio, algunos participantes escribieron: «Me sentí en la obligación de esforzarme con el rompecabezas para no decepcionar a las demás personas». Estos ya no trabajaban en paralelo. Trabajaban juntos.

Este sutil cambio de actitud tuvo un efecto muy importante. Los participantes del grupo «unido» acabaron trabajando en el rompecabezas un 48% más de tiempo. Habían desarrollado lo que yo denomino actitud de camaradería y, gracias a ella, estaban haciendo las cosas mejor.

Esta sutil diferencia entre trabajar en paralelo y trabajar unidos puede parecer poca cosa, pero nos apunta la primera herramienta que podemos aprovechar para obtener energía de la gente. Aunque estés llevando a cabo una tarea por tu cuenta, te puedes convencer con mucha facilidad de que formas parte de un equipo.

El truco es considerar a propósito que las personas que trabajan a tu lado forman parte de tu equipo. Mira la lista siguiente. ¿Cuánto te costaría desplazar tu atención de la columna de la izquierda a la columna de la derecha? ¿Qué pasaría si esas personas no fueran tus competidoras sino tus camaradas? Si tienes empleados, ¿podrías contratar a personas para que trabajen contigo y confiar en que se proporcionarán apoyo moral mutuo? Si estás estudiando, ¿puedes compartir tus apuntes o buscar formas de estudiar en grupo?

Actitud competitiva	Actitud de camaradería
«Tú ganas, yo pierdo».	«Tú ganas, yo gano».
«Mi éxito».	«Nuestro éxito».
«Se asciende superando a los demás».	«Se asciende ayudando a subir a los demás».

Como concluyó Walton, «sencillamente, sentir que formas parte de un equipo de personas que trabajan en una tarea te motiva frente a las dificultades». Cuando las cosas se ponen feas es mejor tener amigos en quienes apoyarse que enemigos a los que vencer.

EXPERIMENTO 2:

Busca la sincronía

Como es obvio, hay momentos en los que puede ser difícil encontrar personas con quienes colaborar. A veces cuesta ser capaz de pensar en gente con quien trabajar en la otra punta del campus (o del mundo) y formar equipo. A veces los compañeros pueden ser bastante molestos.

En situaciones así se puede usar una segunda herramienta, una que yo encontré en un experimento extrañamente inteligente que llevaron a cabo tres académicos de la Universidad Ryerson en Canadá. En un estudio de 2017 estos académicos juntaron a un grupo de más de cien alumnos para investigar la ciencia del trabajo en equipo.[38] Tras dividirlos en grupos de seis, se les dio unos auriculares y se les pidió que llevaran el ritmo de la música golpeando con la mano sobre la mesa. En algunos grupos la música que sonaba era la misma para todos sus integrantes, así que todos golpeaban al mismo ritmo. En otros, a tres miembros les ponían una música, y a los otros tres, otra. Por último, había grupos en los que cada miembro escuchaba una música distinta, por lo que no había ninguna sincronía.

Después les quitaron los auriculares y cada participante recibió diez monedas de plástico que, según les dijeron, se convertirían en dinero real más adelante. ¿A quién querían dárselas?

Lo que querían comprobar los científicos era si se había creado una sensación de camaradería entre los participantes que estaban «sincronizados». Y hallaron que el nivel de sincronía musical lo cambiaba todo. Cuando los participantes habían estado golpeando en sincronía con el trío, querían darle el dinero al trío. En cambio, si los seis miembros habían estado llevando el ritmo al mismo tiempo, había una mayor probabilidad de dar el dinero a los seis.

La sincronía hace que queramos ayudar a los demás, y también que queramos ayudarnos a nosotros mismos.

¿Qué relación tiene esto con los efectos de los demás en nuestro bienestar? Bueno, nos dice algo muy poderoso sobre cómo crear predisposición al trabajo en equipo. Cuando trabajamos en sincronía con otras personas tendemos a ser más productivos. La sincronía hace que queramos ayudar a los demás, y también que queramos ayudarnos a nosotros mismos.

Las implicaciones de esto son sencillas: si queremos aprovechar los efectos de los demás en nuestro bienestar debemos intentar buscar personas con quienes estemos sincronizados, aunque no estemos colaborando activamente en la misma tarea. Durante la escritura de este libro fui a menudo al Salón de Escritores de Londres, que organiza un grupo remoto y gratuito de trabajo llamado La Hora de los Escritores. Todos los días de la semana laboral, cuatro veces al día, unos cuantos centenares de escritores (y algunos que no lo son) se juntan en una videollamada de Zoom. La moderadora dedica cinco minutos a compartir mensajes de motivación y a pedir a los participantes que escriban en el chat cuál es su intención para esa sesión de escritura. Después, durante 55 minutos todo el mundo minimiza su ventana de Zoom y trabaja de forma independiente en su computadora.

Sigo pensando que esas sesiones de sincronización ayudan mucho a mantener la energía alta. Aunque cada persona trabaja en lo suyo, hacerlo en conjunto con los demás me ayuda muchísimo a mantener la concentración y también hace que me sienta mejor.

EL SUBIDÓN DE AYUDAR A LOS DEMÁS

En aquellas sesiones virtuales de escritura me percaté de otra cosa. Con el tiempo llegué a conocer a algunos de los compañeros de mi grupo, y pronto empezamos a mandarnos mensajes de apoyo por Zoom. Al final, eso me llevó a otra dimensión de la energía relacional: el efecto de dar y recibir ayuda.

Es un efecto que Allan Luks entiende mejor que nadie.[39] Como director de Big Brothers Big Sisters en Nueva York, Luks era responsable de una red de miles de voluntarios y trabajadores dedicados a mejorar la vida de jóvenes de esa ciudad. Era un trabajo que podía ser difícil y, a veces, terrible. La organización emparejaba a mentores adultos con niños y adolescentes que muchas veces se encontraban en mitad de grandes crisis familiares, que incluían desde encarcelamientos hasta adicciones y suicidios. Luks creía mucho en la importancia de la mentoría y en el impacto positivo que puede tener en los jóvenes. Pero era duro.

Aun así, a medida que sus meses de trabajo en Big Brothers Big Sisters se convertían en años, Luks empezó a percatarse de algo extraño. Sí, a veces las experiencias vividas hacían que los voluntarios acabaran agotados o de mal humor, pero era mucho más habitual que salieran de las sesiones de mentorización, incluso de las más complicadas, cargados de energía. Luks empezó a entender que el acto no solo podía transformar la vida de las personas que estaban recibiendo la ayuda, sino también la de los voluntarios.

Intrigado por este fenómeno, en los años siguientes empezó a entrevistar a miles de voluntarios con experiencia en la ayuda a los demás. Todos dijeron que elegían hacer ese trabajo, en parte, porque los hacía sentirse genial. Descubrió que el 95% de los voluntarios aseguraban sentirse más felices, realizados y con más energía gracias a su servicio.

¿A qué se debía? La investigación de Luks halló que cuando ayudamos a los demás el cerebro libera una serie de sustancias químicas que crean un subidón natural. Hormonas del bienestar como la oxitocina viajan por el cuerpo y crean una ola de energía positiva que puede durar horas, e incluso días, tras la finalización del acto de ayuda.

Luks comprendió que el «subidón de ayudar» no era una sensación. Era una herramienta potente de crecimiento, cambio social, y yo añadiría de productividad feel good. Es la segunda manera que tenemos de aprovechar los efectos sobre el bienestar que tienen los demás para hacer más cosas que nos importen.

EXPERIMENTO 3: **Gestos de bondad aleatorios**

Cuando trabajaba de médico siempre que tenía unos minutos libres entre pacientes me preparaba una taza de té.

Por un lado, esto era un acto egoísta; podría decirse que soy el mayor experto en té de Gran Bretaña. Pero también lo hacía un poco por el equipo. De camino a la cocina sacaba la cabeza por la sala de enfermeras y preguntaba si alguien más quería un té. Este pequeño gesto tenía un gran efecto en la moral del equipo. Recuerdo muy bien una vez que le hice esta oferta a Julie, una enfermera veterana, en el punto álgido de la pandemia del covid; le cambió la cara como si le hubiera ofrecido un número agraciado de la lotería. Todo por una bolsita de té, agua hirviendo y un chorrito de leche (es muy importante que sea en ese orden).

Estos gestos de bondad aleatorios son el primer paso para integrar el subidón de ayudar en nuestro día a día. Al dejar lo que estés haciendo y ofrecer tu ayuda a alguien de forma aleatoria puedes aumentar tus niveles de endorfinas, lo que te ayudará a trabajar más y mejor.

El té es solo un ejemplo de este tipo de gestos. Esta bondad aleatoria se puede integrar en la jornada independientemente de la situación vital. Supongamos que trabajas en una oficina. ¿Te has fijado en que uno de tus compañeros parece aburrido o un poco agotado? ¿Por qué no salen a comer en lugar de comerse el *tupper* frente a la computadora?

O quizá estás en el supermercado y alguien detrás de ti muestra cierto estrés, quizá porque va con una criatura pequeña. ¿Y si dejas que pase delante de ti en la fila?

O imagina que alguien tuvo un bonito gesto contigo, por pequeño que sea; digamos que te quitó de encima una tarea en un momento de mucho caos. ¿Y si le escribes una nota de agradecimiento personalizada?

Los gestos de bondad aleatorios son infinitos. Preparar una bebida caliente. Escribir una nota de agradecimiento. Ceder el puesto en una fila. Son cosas sutiles, pero también sutilmente transformadoras.

EXPERIMENTO 4: **Pide ayuda**

El subidón de ayudar también nos muestra que pedir ayuda a los demás puede convertirse en un regalo, en lugar de una carga, que es lo que solemos pensar.

Esto es una epifanía que tuvo en su juventud el polifacético padre fundador de Estados Unidos Benjamin Franklin,[40] quien, a lo largo de sus ochenta y cuatro años de vida, filosofó sobre la naturaleza del arte de gobernar, fundó el primer departamento de bomberos de Filadelfia y firmó la Declaración de Independencia de Estados Unidos. Aunque en 1737 aún quedaba para eso. Franklin se presentaba a la reelección en la Asamblea de Pensilvania. Un legislador rival estaba diciendo cosas poco favorables sobre él. Tenían ideas completamente opuestas y una mala relación, a menudo gélida.

Franklin necesitaba desesperadamente frenar la campaña propagandística de aquel hombre; se arriesgaba a no ser reelegido. ¿Pero cómo se puede ganar a una persona con quien no se está de acuerdo en nada? La respuesta, tal y como explicó en su biografía, estuvo relacionada con el préstamo de un libro. «Después de que me contaran que tenía en su biblioteca un libro muy raro y curioso, le mandé una nota en la que expresaba mi deseo de hojearlo y le pedía que me hiciera el favor de prestármelo unos días», escribió Franklin. Para su sorpresa, su némesis se lo envió inmediatamente. Cuando Franklin se lo devolvió, incluyó en él una nota en la que expresaba lo mucho que le había gustado.

Sorprendentemente, esto tuvo un gran impacto en su relación. «Cuando nos volvimos a encontrar en la sede del Gobierno se acercó a hablar conmigo (algo que nunca había hecho) con mucha educación», escribió Franklin. «E incluso manifestó que estaba dispuesto a ayudarme en cualquier ocasión, así que nos hicimos grandes amigos y aquella amistad duró hasta el día de su muerte».

Este gesto aparentemente pequeño, prestar un libro, tuvo un gran efecto en el propio Franklin y en su adversario. El hombre quedó tan sorprendido por el gesto que empezó a ver a Franklin bajo otra luz. No podía conciliar el hecho de haber ayudado a alguien con quien no estaba de acuerdo. En consecuencia, la actitud del hombre frente a Franklin empezó a ser mejor.

Este concepto se conoce hoy en día como el «efecto Benjamin Franklin» y sugiere que cuando pedimos ayuda a alguien es probable que esta persona empiece a tenernos en mayor consideración. Es la otra cara del efecto transformador de ayudar a los demás: podemos pedir ayuda, cosa que hará que la otra persona también se sienta mejor.

Por eso es una lástima que a la mayoría se nos dé tan mal hacerlo. Quizá necesitamos que un compañero nos explique algo muy importante, pero en lugar de «molestarlo», intentamos entenderlo por nuestra cuenta, un proceso que nos hace perder el tiempo. O quizá no somos capaces de solucionar un problema de clase, pero no queremos pedir ayuda a la persona que se sienta a nuestro lado, y ni siquiera al docente, por miedo a parecer tontos.

Así que ¿cómo podemos aprender a pedir ayuda de forma que la otra persona sienta aprecio por nosotros en vez de alienarla? Hay unos cuantos métodos. En primer lugar, debemos superar nuestras reticencias. La forma más sencilla de hacerlo es adoptar una máxima: la gente tiene más ganas de ayudar de las que creemos. Ya hemos visto numerosos ejemplos de cómo podemos llenarnos de energía sonriendo, enseñando o mentorizando a otras personas. Aun así, muchos subestimamos la predisposición de los demás a ayudarnos. Según los académicos Francis Flynn y Vanessa Bohns, la gente tiende a subestimar hasta un 50% la probabilidad de que otra persona acceda a ayudarla.

En segundo lugar, hay que enmarcar bien la petición. En concreto, hay que esforzarse en pedir la ayuda en persona. Las preguntas virtuales complican las cosas. En un estudio de 2017, Bohns halló que «quienes pidieron ayuda asumieron que hacerlo por correo electrónico sería igual de eficaz que en persona; en realidad, hacerlo en persona es unas 34 veces más eficaz».[41]

Por último, asegúrate de elegir bien las palabras. Evita usar frases negativas como «Siento mucho tener que pedirte esto [...]» y no lo conviertas en una transacción con frases del tipo «Si me ayudas, yo haré tal cosa por ti». En lugar de eso, haz hincapié en los motivos positivos por los que te diriges a esa persona en concreto: «Vi tu trabajo en X, Y, Z y me impresionó mucho. Me gustaría que me explicaras cómo hiciste A, B y C». Al hacer hincapié en los aspectos positivos de la persona a la que admiras, esta pensará que de verdad valoras su opinión y así es más probable que te ayude.

La última reflexión sobre esto es clave. Cuando la petición se hace en el marco correcto, pedir ayuda hace que la persona a quien se la solicitas se sienta tan bien como te hace sentir a ti su ayuda. Si quieres aprovechar el poder del efecto Benjamin Franklin, deberías hacer todo lo posible para que no haya implicaciones de compensación.

EXCESO DE COMUNICACIÓN

Cuando creé mi primer negocio, lo que más me costaba era la necesidad de comunicación. En concreto, en qué grado era necesaria.

Como es obvio, sabía que compartir información era importante; lo que no tenía claro era en qué cantidad. Con el tiempo entendí, generalmente gracias a los útiles comentarios de mi sufrido equipo, que mi miedo a ser demasiado abierto hacía que no me comunicara lo suficiente. No hacía las valoraciones positivas y negativas que la mayoría de los miembros de mi equipo querían en realidad. Se trata de un fenómeno habitual. A la hora de comunicarse es mucho más probable decir poco que mucho.

Si crees que ya lo has comunicado todo, lo más probable es que no lo hayas hecho.

Así que, aunque la mayoría de los libros sobre crear sensación de equipo se centran en la comunicación, yo en lo que quiero centrarme es en el poder del exceso de comunicación. Si crees que ya lo comunicaste todo, lo más probable es que no lo hayas hecho. Cada miembro de un equipo puede interpretar la información que se comparte de forma distinta o tener contextos o niveles de comprensión distintos. Excederse en la comunicación significa ir conscientemente más allá de lo que crees necesario y, por tanto, acabar compartiendo la cantidad precisa de información. Pero ¿cómo?

EXPERIMENTO 5:

Excederse en la comunicación de lo bueno

Hay un refrán sueco que dice: «La alegría compartida es doble; el dolor compartido es la mitad». Cuando una persona comparte buenas noticias con otra, ambas se alegran. Y cuando una persona comparte algo triste con otra, ese acto hace que una parte de esa tristeza se evapore.

Así, la primera técnica para excederse en la comunicación de lo bueno es compartir buenas noticias y reaccionar a ellas con energía. Esto ayuda tanto a quien comparte la noticia como a quien la recibe. Para quien comparte, el simple hecho de dar noticias positivas incrementa las emociones positivas y el bienestar psicológico. Para quien recibe, expresar orgullo y felicidad por los logros de la otra persona alimenta una interacción positiva y fortalece la relación.

En psicología este refuerzo de las interacciones positivas se llama capitalización. Un artículo sobre este tema explica que la capitalización tiene dos componentes.[42] La primera parte implica a una persona (quien comparte) que intenta conectar con otra mediante un suceso positivo y las emociones positivas asociadas a él. Por ejemplo, puedes ir a una amistad y decirle: «¡Oye, al final me dieron el aumento de sueldo que quería!». En la segunda parte, quien recibe la buena noticia reacciona de forma positiva, con entusiasmo y emoción, y te puede decir: «¡Vaya! Eso es genial. ¡Te esforzaste mucho!».

Puede que esto sea sencillo, pero no tiene por qué estar tan claro. Porque, según la profesora de Psicología de la Universidad de California Shelly Gable, hay multitud de formas de reaccionar a una buena noticia, y no todas son positivas. Esto se puede ilustrar sobre dos ejes. Por un lado, si la respuesta es activa o pasiva y, por otro, si la respuesta es constructiva o destructiva.

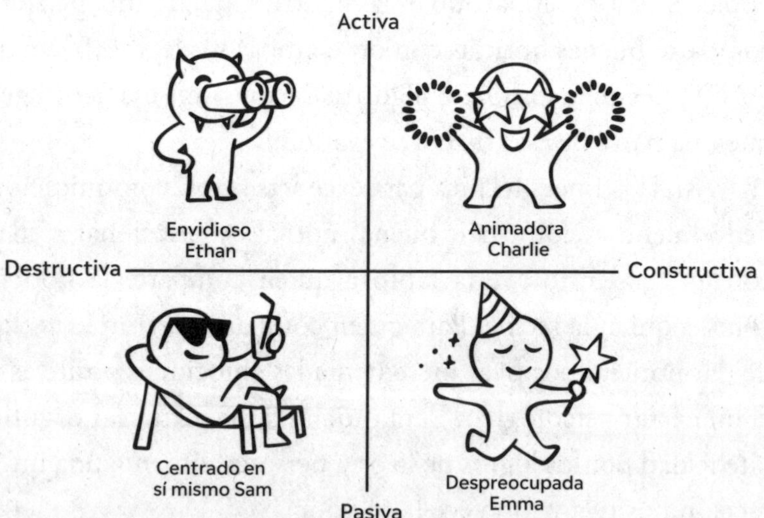

Imagina que tu *roomie* llega a casa un día y te dice que le ofrecieron un empleo que estuvo esforzándose en conseguir. Así serían estos cuatro tipos de respuesta:

- **Animadora Charlie:** La respuesta activa y constructiva sería del tipo «¡Vaya, eso es genial! Te esforzaste mucho. ¡Sabía que lo conseguirías!».
- **Despreocupada Emma:** Una respuesta pasiva y constructiva sería algo sutil, como asentir con un gesto y una sonrisa y añadir: «Qué buena noticia».
- **Envidioso Ethan:** Una respuesta activa y destructiva sería algo que mine el éxito del compañero: «Ah, ¿entonces ahora vas a estar demasiado ocupado para salir por las noches y los fines de semana?».
- **Centrado en sí mismo Sam:** Una respuesta pasiva y destructiva ignoraría olímpicamente de las buenas noticias del compañero: «Bueno, pues no vas a creer lo que me pasó a mí hoy».

Gable y sus colegas hallaron que responder a las buenas noticias de forma activa y constructiva hace más feliz a quien las comparte y fortalece la relación. De hecho, en un estudio de 2006, los investigadores grabaron a 79 parejas que estaban saliendo para examinar cómo conversaban sobre buenas y malas noticias.[43] Resultó que la respuesta a las buenas noticias que les daban sus parejas era el predictor más potente de la duración de la relación y de lo felices que serían en ella.

Ser capaz de celebrar las victorias de los demás es importante, y la mejor manera de hacerlo es adoptar una perspectiva activa y constructiva frente a las buenas noticias. Afortunadamente, esto se puede aprender. El primer paso es sentir y mostrar alegría y disfrute frente a las buenas noticias que te da otra persona. Prueba con frases como «¡Pero qué buena noticia!» y «¡Me alegro muchísimo por ti!».

Después recuerda a quien te está dando la buena noticia que has sido un testigo activo del proceso que condujo hasta ella. Quizá viste que se preparaba mucho para una entrevista de trabajo, o sabes que dedicó semanas a estudiar para la prueba de selección y lo mucho que quería que todo saliera bien.

Y, por encima de todo, muestra tu optimismo por las consecuencias positivas que esta noticia puede tener de cara al futuro (sin apabullar a la otra persona con grandes expectativas). Si alguien acaba de obtener el trabajo de sus sueños, comparte tu emoción por las oportunidades que le esperan. Si alguien acaba de dejar un trabajo anodino para empezar su propio negocio, comparte tu emoción por las aventuras que le esperan.

El exceso de comunicación no solo inspirará a los demás. También te inspirará a ti.

Siempre que puedas, intenta que este exceso de comunicación sea tan bueno, positivo y edificante como sea posible. El exceso de comunicación no solo inspirará a los demás. También te inspirará a ti.

EXPERIMENTO 6:

Excederse en la comunicación de lo no tan bueno

No obstante, para aprovechar los efectos positivos sobre el bienestar que nos proporcionan los demás no solo hay que comunicar las buenas noticias. Tenemos que aprender a comunicar también las malas. Por desgracia, no solemos ser muy buenos en eso.

El problema es que a los humanos se nos da muy bien mentir. No es que mintamos a diario, es que mentimos a todas horas. Según un estudio que llevó a cabo en 2002 el psicólogo Robert Feldman, de la Universidad de Massachusetts, el 60% de las personas mienten al menos una vez en una conversación de diez minutos, que es lo que dura una conversación promedio.[44]

Aunque no todas las mentiras son iguales, claro está. La mayoría son triviales y se dicen con buena intención, como cuando le decimos a una amistad que nos encantan sus nuevos tenis, aunque no sean de nuestro estilo, o aseguramos a nuestra madre que el pollo asado no le quedó seco para nada.

Sin embargo, esto tiene una contrapartida: mentir, aunque la intención sea buena, tiene efectos fisiológicos. Mentir se asocia con la activación del sistema límbico, la misma zona del cerebro que inicia la reacción de lucha o huida. Cuando hablamos con sinceridad esta área del cerebro registra una actividad mínima; al mentir se ilumina como si hubiera fuegos artificiales.

El motivo por el que mentimos tanto es que a menudo decir la verdad se presenta como una situación en la que todo el mundo pierde. El exceso de sinceridad nos hace parecer imbéciles, y eso es una pérdida. Pero también es una pérdida cuando no admitimos con sinceridad que sentimos resentimiento por estar atrapados en una situación que no nos gusta. Esto es complicado para cualquiera que adopte la máxima del exceso de comunicación: tenemos que comunicar las cosas malas sin mentir innecesariamente. ¿Se puede?

Según la escritora y *coach* de CEO Kim Scott, la solución no es decir las cosas con sinceridad, sino con franqueza.[45] En su libro *Franqueza radical*, Scott escribe que la cosa se trata de preocuparse personalmente (es decir, tener en cuenta de verdad a la persona con quien estamos hablando) sin dejar de abordar directamente el tema que se está tratando. La franqueza radical no significa convertir el tema en algo personal, ni tampoco asumir que tú sabes más ni soltar lo primero que te venga a la cabeza. No significa compartir tus opiniones sin filtro, ni criticar a los demás a sus espaldas, ni explicar detalladamente a tu compañero de trabajo lo que te pasa por la cabeza.

Hablar de «franqueza» en vez de «sinceridad» tiene sus ventajas. La sinceridad implica decir lo que sabemos que es cierto. Esto suele tener connotaciones morales que incomodan un poco a la gente (el recuerdo de mi compañero de clase James insultando mis trucos de magia con cartas añadiendo un «Solo estoy siendo sincero, amigo» me persigue hasta hoy). Decir «¿Puedo hablarte con sinceridad?» es casi como decir «Esta es la verdad y te la voy a decir tal cual». Sin embargo, en las dinámicas interpersonales la verdad no siempre está tan clara. Tu encargado puede agotarte, pero puede no ser una verdad objetiva que sea un mal encargado. Por lo que sabemos, podría ser un buen encargado para otras personas, o quizá está pasando un mal momento personal que le está afectando en el trabajo.

En cambio, la franqueza no asume que estamos en posesión de la verdad. El espíritu de la franqueza se parece más a esto: «Mira, yo opino esto. ¿Puedes escucharme o ayudarme? Podemos hacerlo juntos».

Así que ¿cómo podemos aprender a crear una cultura de evaluación franca, en la que se puedan hacer comentarios negativos sobre el trabajo ajeno sin fastidiarle el día a nadie? Hay que seguir una serie de pasos. El primero, asentar el análisis en términos objetivos que no incluyan juicio. Decir «Noté que interrumpiste varias veces a Hermione durante la reunión» es mucho más eficaz que decir «Eres increíblemente maleducado». De un modo similar, decirle a alguien «Te equivocas» o «Eres incompetente» va a hacer que esa persona se sienta atacada y se ponga a la defensiva. Son apreciaciones muy subjetivas (por no decir que un poco maleducadas, también). Cíñete a los hechos.

En segundo lugar, céntrate en los resultados tangibles de lo que haya salido mal. De nuevo, tu enemiga es la subjetividad. Así que haz hincapié, mencionando los hechos, en las consecuencias de lo que has observado. Por ejemplo: «Noté que después de que interrumpieras a Ron durante la reunión la discusión se apagó un poco. Es una lástima, porque la verdad es que me habría gustado mucho saber qué tenían que aportar los demás».

Por último, no te centres en el problema, sino en la solución. Proporciona alternativas que describan lo que te gustaría que hubiera pasado. Por ejemplo: «La próxima vez, por favor, espera a que la otra persona acabe de hablar antes de compartir tus ideas» o «Quizá la próxima vez podrías hacer preguntas a los demás para mostrar que te interesa su punto de vista, aunque puedas no compartirlo. Tengo la sensación de que plantear preguntas puede hacer que los demás reaccionen mejor y puede llevar a la colaboración». Ofrecer alternativas centra la discusión en posibles soluciones al problema y contribuye a que la otra persona no sienta que está siendo criticada personalmente.

Estos tres pasos son una forma sencilla de facilitar un poco el exceso en la comunicación de noticias desagradables. Todas apuntan hacia la idea de que es posible juntar a las personas y hacer que se sientan bien, aunque se estén dando malas noticias. Y sin mentiras en el horizonte.

EN RESUMEN

- La vida es más divertida con amigos a nuestro alrededor. Por eso nuestra tercera fuente de energía es la gente. Hay personas que nos llenan de energía de forma natural; el truco es encontrarlas.

- Para empezar, conviértete en una persona que juega en equipo. Intenta tratar a las personas con quienes trabajas como camaradas en vez de rivales.

- Construir conexiones con otras personas también implica echar una mano. Esto funciona en ambos sentidos; no solo nos cuesta mucho ayudar a otros, sino que también tenemos reparos a la hora de pedir ayuda. Así que intenta hacerte la siguiente pregunta: «¿Cómo puedo animarle el día a otra persona?».

- Por último, recuerda que la verdad que más se suele olvidar sobre la interacción humana es que cuando crees que te comunicaste demasiado lo más probable es que no lo hayas hecho lo suficiente. ¿Hay algún dato que te estés guardando que pueda mejorar la semana de otra persona?

PARTE 2

Desbloquéate

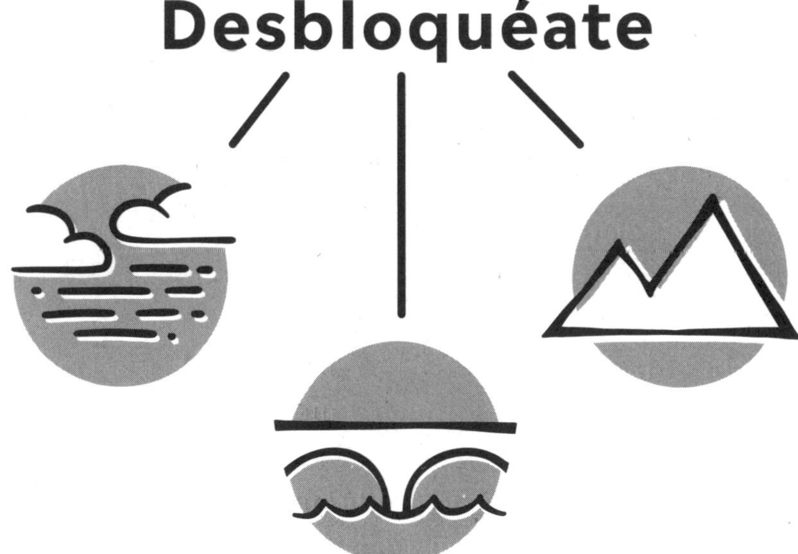

CAPÍTULO 4

ACLÁRATE

Uno de los videos más raros que he visto se titula «¿Cuánto lo deseas?».[46] Tiene casi cincuenta millones de visualizaciones.

El video narra la historia de un hombre joven que acude a un «gurú» y le pide un consejo para hacerse rico. Al día siguiente quedan en la playa para que el gurú le dé la respuesta.

A las cuatro de la madrugada del día siguiente el hombre llega a la orilla del agua.

—Entra caminando al agua y aléjate de la costa —le dice el gurú.

El joven lo hace.

—Camina un poco más —dice el gurú.

El hombre lo hace.

—Sigue caminando —dice el gurú.

El hombre sigue caminando hasta sumergir la cabeza. De repente, el gurú está a su lado y le sostiene la cabeza bajo el agua. El joven se resiste violentamente, pero el hombre no le deja sacar la cabeza hasta que está a punto de ahogarse. Mientras el joven jadea tomando aire, el viejo dice:

—Cuando desees el éxito tanto como ahora deseabas respirar, lo conseguirás.

Aquí hay muchas cosas que analizar. ¿Quién es en realidad el gurú (y cómo se consigue exactamente ese trabajo)? ¿Por qué el chico está tan dispuesto a caminar hacia el agua tras la petición del gurú (aunque se acaban de conocer)? Y lo que es más curioso: ¿por qué hay 20 000 comentarios debajo del video de personas que aseguran que les cambió totalmente la vida?

Este video ahora me parece tan surrealista como deprimente, pero la primera vez que lo vi yo estaba sumido en un periodo de procrastinación debilitante y pensé que podía ayudarme. Cuando lancé mi primer negocio mientras trabajaba como médico residente tenía la sensación de que, por mucho que me esforzara, no podía romper el ciclo de ir aplazando las cosas y acabar arrastrándome para intentar ponerme al día. No era el único: la procrastinación ha sido la enemiga de mentes mucho más grandes que la mía. Por ejemplo, Leonardo da Vinci. Un contemporáneo que lo vio pintar *La última cena* escribió que «podía pasarse dos, tres o cuatro días sin tocar un pincel y en cambio pasar varias horas al día frente a su trabajo, con los brazos cruzados, examinando y criticando en silencio las figuras».

En esos momentos las tres fuentes de energía (el juego, el poder y las personas) no bastan. En la primera parte hemos explorado cómo esas tres fuerzas pueden ayudarnos a sentirnos bien en la vida y el trabajo, llenarnos de energía y ayudarnos a hacer más cosas de las que nos importan, pero por sí solas no bastan. A medida que mi negocio crecía entendí que, por mucho que integrara en mi vida las fuentes de energía, había otra cosa que me atascaba: la procrastinación.

Cuando he tenido problemas con ella me he visto tentado a menudo de poner en práctica «trucos» obvios, como el de ese video tan raro. Si estás procrastinando, dice el video, es porque no tienes suficiente motivación. Porque si la tuvieras, si quisieras triunfar tanto como respirar, lo harías. Yo llamo a esta solución para la procrastinación el «método de la motivación». Es muy habitual. Y no tiene ningún sentido.

El problema es muy sencillo. Hay muchas personas como yo que de verdad quieren hacer las cosas que les cuestan. Sentimos que nuestra motivación es suficiente, pero se nos cruzan otros obstáculos: falta de tiempo, limitaciones económicas, responsabilidades familiares, problemas de salud física y mental y muchas más cosas. Está claro que la motivación por sí sola no basta, y decirle a la gente que «se motive más» no solo no ayuda, sino que puede ser dañino y contribuir a la sensación de parálisis que provocó la procrastinación en primer lugar.

Así que, cuando falla la motivación, ¿a qué recurrimos? Cuando no se obsesionan con la motivación, muchos consejos recurren a otro principio: la disciplina. Dicho sin complicaciones: la disciplina es hacer cosas que no se nos antojan. Es lo contrario a la motivación; es pasar a la acción a pesar de la falta de motivación evidente. Si tu idea es salir a correr, la respuesta motivada sería: «Se me antoja correr un rato, porque quiero ganar el maratón más de lo que se me antoja descansar hoy». Una respuesta disciplinada sería: «Voy a salir a correr independientemente de lo que me parezca la idea». Es la escuela Nike de hacer las cosas: «*Just do it*», hazlo y ya.

A mí me gusta más el método de la disciplina que el de la motivación. La disciplina puede ser útil. A veces no se me antoja ir a trabajar por las mañanas, pero voy. Quizá eso sea disciplina.

Pero a esta narrativa le faltan piezas. Si estás procrastinando la escritura de la conferencia que tienes que dar pronto puede que no se deba necesariamente a que te falta la disciplina para prepararla. Quizá hay otra cosa por debajo que te retiene y a la narrativa de la disciplina eso le da igual. Solo hace que te sientas mal contigo. Citando al profesor de Psicología Joseph Ferrari, «decirle a un procrastinador crónico que lo haga y ya está sería como decirle a una persona con depresión crónica que alegre esa cara».[47]

La motivación y la disciplina son estrategias útiles, pero son curitas que esconden heridas más profundas. A veces funcionan para tratar los síntomas, pero no mejoran la dolencia de fondo.

Así que ¿qué es lo que funciona en la eterna lucha contra la procrastinación? Ahora es cuando entra en juego nuestro tercer abordaje. Yo lo llamo el «método desbloquéate».

Mientras que el método de la motivación nos recomienda obligarnos a que se nos antoje hacer algo y el método de la disciplina a hacerlo y ya, el método desbloquéate nos anima a entender por qué no estamos a gusto con esa tarea y encarar directamente ese problema.

El método desbloquéate nos anima a entender por qué no estamos a gusto con esa tarea.

Imagina que tienes una piedra en el zapato que te molesta mucho al correr, pero tienes que salir corriendo a casa de tu amigo porque llegas tarde a cenar. Te enfrentas a dos cosas: quieres llegar a tiempo, pero sabes que el trayecto va a doler. ¿Qué haces?

La primera solución es la más fácil: no hacer nada. Procrastinar hasta arruinar la noche. No llegar a la cena y que no te inviten a la próxima.

La siguiente solución se inspira en el método de la motivación. Esto implicaría convencerte de que la cena va a ser divertida y va a «valer la pena» el dolor que vas a sentir al correr. Tú ignoras el dolor durante la carrera hacia el destino y te acabas desmayando en el acotamiento a medio camino. Pero cuando te miras el pie, que se está hinchando, no te importa. Al fin y al cabo, con la motivación suficiente se supera cualquier obstáculo.

La tercera solución es el método de la disciplina. Te comprometiste a ir a esa cena y tú eres siempre fiel a tu palabra. Así que vas corriendo a casa de tu amigo con la piedra clavándose en la delicada piel de la planta del pie y lo consigues, contra viento y marea. Por desgracia, al final la cena no se llega a hacer porque tu amigo te tiene que llevar al hospital a que te curen la hemorragia del pie. «Disciplina es libertad», te dices mientras esperas tu turno en urgencias.

Yo me atrevería a decir que ninguna de estas tres soluciones es buena. La cuarta solución (y la mejor) implica usar un poco más el pensamiento crítico. ¿Y si te tomas un minuto para pensar por qué te está costando tanto llegar a casa de tu amigo? Te quitarías el zapato, verías la piedra y la sacarías, y entonces podrías correr tranquilamente.

Este es el método desbloquéate, y en él nos vamos a centrar en los tres capítulos que siguen. Aprenderemos que muchas veces la causa de la procrastinación son los sentimientos negativos, que son lo opuesto a los positivos, que nos proporcionan energía, como vimos en la primera parte. Cuando sentimientos negativos como la confusión, el miedo y la inercia se interponen en nuestro camino, posponemos las cosas. Esto nos hace experimentar más sentimientos negativos, lo que se traduce en más procrastinación. Es un círculo vicioso de mal humor y parálisis.

Afortunadamente, podemos reducir la potencia de los tres bloqueos emocionales. En las páginas siguientes exploraremos de qué forma nos afectan en concreto estos tres sentimientos negativos y cómo nos roban la energía, y aplicaremos la ciencia de la productividad feel good para superarlos de forma estratégica.

LA NIEBLA DE LA INCERTIDUMBRE

El primer bloqueador de la productividad feel good es el más sencillo, pero también es uno de los que más cuesta percibir. Es tan habitual que ni nos percatamos de su presencia.

Imagina que vas conduciendo de noche y con niebla, te cuesta ver la carretera que tienes frente a ti e intentas aumentar la intensidad de las luces delanteras. Pero la niebla no desaparece. Al cabo de un rato tienes que frenar en el acotamiento porque la niebla te está agotando.

La procrastinación se parece un poco a esa sensación. A menudo el motivo por el que no empezamos a hacer algo es porque, para empezar, no sabemos qué tenemos que hacer. Estamos sumidos en una desconcertante neblina. Yo la llamo la niebla de la incertidumbre.

Se trata de un fenómeno muy estudiado que los científicos denominan «parálisis por incertidumbre». Sucede cuando lo desconocido o la complejidad de una situación nos supera y nos incapacita para actuar. Esta parálisis hace que no avancemos en la tarea o proyecto, o que no tomemos decisiones. Esto se interpone en nuestro bienestar y también a la hora de hacer las cosas.

La incertidumbre hace que nos sintamos mal y que hagamos menos. Los humanos tenemos una aversión innata a lo desconocido. Sentimos predilección natural por las cosas predecibles y la estabilidad, que es lo que nos permite tomar decisiones y ser eficaces. Pero, al mismo tiempo, hay personas que se enfrentan mejor que otras a la incertidumbre. Los psicólogos y psiquiatras lo miden usando algo denominado Escala de Intolerancia a la Incertidumbre (EII).[48] Desarrollada por Michel Dugas y sus colegas en la década de 1990, esta escala consiste en una serie de afirmaciones que expresan tolerancia frente a la incertidumbre. Una de ellas dice: «No saber previamente lo que va a pasar me resulta a menudo inaceptable». Para medir la tolerancia a la incertidumbre de una persona los psicólogos observan en qué grado está de acuerdo con cada una de las afirmaciones y suman todas las respuestas para obtener una puntuación.

La EII nos da una primera pista sobre cómo y por qué la incertidumbre conduce a la procrastinación. La gente con baja tolerancia a la incertidumbre tiende a considerar amenazadoras las situaciones en las que está presente, lo que les causa ansiedad y hace que las pospongan, sobre todo si la tarea implica ambigüedad. ¿Por qué? Bueno, según una revisión sobre la relación entre ansiedad e incertidumbre, hay varios procesos que refuerzan el bucle de incertidumbre, ansiedad y parálisis.[49]

1. Sobreestimamos lo que está en juego. Alguien que siente mucha ansiedad pensará que el suceso incierto va a ser mucho peor de lo que es en realidad.
2. Nos comportamos de forma hipervigilante. Al sentir que puede pasar algo negativo, nuestra antena de seguridad capta la señal de cualquier posible peligro.
3. Dejamos de reconocer las señales de seguridad. Como estamos hipervigilantes frente a las amenazas, no somos capaces de tranquilizarnos cuando no hay ningún peligro.
4. Nos comportamos de forma evitativa. Nuestro cerebro nos empuja a adoptar estrategias evitativas, tanto cognitivas como de comportamiento, para salir cuanto antes de esa situación.

Cualquiera que haya procrastinado alguna vez reconocerá al menos alguno de estos factores. Vamos a verlo de forma más concreta con una fuente de incertidumbre; por ejemplo, una decisión en el ámbito laboral. Supongamos que tienes un empleo estable y que estás valorando dejarlo para emprender un proyecto laboral menos estable pero potencialmente más satisfactorio. La incertidumbre que rodea el camino menos estable puede frenar el proceso de distintas formas:

1. **Sobreestimación**. Sobreestimas las consecuencias negativas de elegir el proyecto laboral «erróneo»; por ejemplo, no ganar suficiente dinero.

2. **Hipervigilancia.** Empiezas a prestar demasiada atención a las señales que indican éxito o fracaso de un proyecto laboral concreto, como estadísticas que sugieren que muchas personas se arrepienten de cambiar de trabajo.
3. **Ceguera selectiva.** Dejas de identificar factores que contribuirían al éxito, como investigar la empresa en la que estás pensando trabajar.
4. **Evitación.** Decides posponer definitivamente la decisión. Al fin y al cabo, no puede ser tan malo quedarte un año más en tu actual trabajo.

Resultado: experimentas reacciones emocionales de alta intensidad, como ansiedad o miedo, y eso te hace procrastinar aún más la toma de la decisión. Te sientes mal y empiezas a hacer menos.

La mayoría hemos vivido este tipo de situaciones. Pero la buena noticia es que se puede romper este ciclo y disipar la niebla de la incertidumbre. Es cuestión de hacerse las preguntas adecuadas. Una vez que se responden, el camino que tenemos por delante se despeja.

PREGÚNTATE POR QUÉ

El principal motivo por el que la incertidumbre conduce a la procrastinación es que crea ambigüedad sobre el propósito final. Si no sabemos por qué nos estamos embarcando en un proyecto determinado, es casi imposible ponerse a trabajar en ello.

Esta es, al menos, la conclusión a la que llegó el Ejército estadounidense en 1982, año en el que publicó la guía actualizada de su Manual de Campaña (MC) 100-5, Operaciones. Como principal guía sobre cómo luchar, el MC indica a los oficiales los métodos que tienen más probabilidad de conducir a la victoria en el campo de batalla. En su núcleo se encontraba un concepto nuevo: la «intención del líder».

La intención del líder nace de la tradición militar alemana, que se remonta al Ejército prusiano de finales del siglo XIX. Los estrategas militares alemanes entendieron que la planificación de las batallas no podía en ningún caso predecir la caótica realidad de la guerra. Como dijo el mariscal de campo Moltke el Viejo, «no hay plan que sobreviva al primer contacto con el enemigo». (Lo que dijo en realidad fue: «Ningún plan de operaciones puede aplicarse con certeza más allá del primer enfrentamiento con la principal fortaleza del enemigo», pero es más difícil de recordar).

Así que, en lugar de obsesionarse con cada uno de los pasos que los soldados debían dar en el campo de batalla, los oficiales alemanes adoptaron la idea de *auftragstaktik,*[50] tácticas de misión, una filosofía que priorizaba el porqué frente al detalle excesivo del cómo. La intención del líder se resume en el Manual de Campaña y consiste en tres componentes básicos, que giran en torno al objetivo básico de la misión:

1. El **propósito** de la operación.
2. El **estado final** que busca el líder.
3. Las **tareas claves** que el líder considera que deben llevarse a cabo para alcanzar el objetivo.

La intención del líder sugiere que el objetivo de los generales es responder solo los porqués del más alto nivel: identificar el propósito de la operación y, como mucho, hacer un esquema muy básico de las fases que podrían llegar a ser necesarias. Así, se daba a las tropas flexibilidad para adaptar sus decisiones a las circunstancias cambiantes del frente.

Este abordaje va más allá del campo de batalla. Entender la intención del líder puede ayudar a disipar la niebla de la incertidumbre al identificar cuál es el propósito de lo que estás haciendo. Esto arroja luz al porqué.

EXPERIMENTO 1:

Usa la intención del líder

¿Cómo podemos integrar la intención del mando en nuestra vida? La primera respuesta la ilustran los sucesos del 6 de junio de 1944, conocido popularmente como el Día D, en el norte de Francia.

La invasión aliada de la Francia ocupada se había planeado meticulosamente. En un primer ataque 133 000 tropas desembarcarían en localizaciones muy precisas de las playas de Normandía. Recibirían el apoyo de regimientos de paracaidistas que se lanzarían sobre ciudades y pueblos concretos, los liberarían de los nazis y asegurarían puentes y carreteras. Sin embargo, desde el primer momento hubo muchas cosas que salieron mal.

Minutos después de que los paracaidistas tocaran el suelo, muchos de ellos descubrieron que habían aterrizado en localizaciones que no eran en absoluto las previstas. Durante las horas siguientes quedaría claro que muchos regimientos se habían mezclado de forma inexplicable la noche anterior (los hombres no habían aterrizado en compañía de las unidades que conocían y en quienes confiaban, sino que habían volado con soldados con quienes no habían hablado nunca). Fue, citando al especialista en estrategia Chad Storlie, «un desastre militar».[51]

Aun así, milagrosamente, en cuestión de horas el Día D recuperó el rumbo. Los aliados no capturaron los pueblos que habían previsto, pero sí otros que cubrían sus necesidades estratégicas, y las tropas que desembarcaron en las playas de Normandía fueron capaces de avanzar hacia el interior, como habían previsto.

Todo el episodio fue una victoria de la intención del líder. Las órdenes detalladas de los generales no habían funcionado. Los planes concretos se habían torcido. Pero como se había comunicado la intención del líder, todos los implicados en la operación conocían el propósito. El porqué estaba claro y eso posibilitó trabajar en un cómo alternativo.

Hoy en día yo lo aplico a mi vida cotidiana. Antes, cuando me embarcaba en un proyecto, mi instinto era echar a andar inmediatamente, planeando cada uno de los pasos, sin llegar a pensar mucho en cuál deseaba que fuera el estado final. Pero este nivel de planificación obsesiva puede llegar a ser un obstáculo. Me empantanaba tanto señalando tareas concretas que olvidaba cuál era el objetivo final de todo. Por eso ahora antes de embarcarme en un proyecto me planteo la primera pregunta de la intención del líder: «¿Cuál es el propósito de esto?». Y elaboro la lista de tareas a partir de ahí.

He descubierto que plantearme esta sencilla pregunta puede tener un efecto muy importante. Durante años he fracasado en mi objetivo de tener unos abdominales de «cuadritos». Todos los eneros me emocionaba la idea de ir al gimnasio y después, en cuestión de semanas, la motivación se desvanecía y regresaba a la casilla de salida.

Cuando apliqué la idea de la intención del líder comprendí que era porque me planteaba muy mal el propósito, el gran porqué. Yo no quería unos cuadros. Mi objetivo real era mantener un físico y un estilo de vida equilibrados y sanos. Por supuesto que la motivación estética existía, pero palidecía en comparación con el deseo de estar sano, en forma y fuerte.

Puedes aplicar esta perspectiva a cualquier pregunta. Por ejemplo, aprender francés. Pregúntate cuál es el propósito. ¿Quieres entender las complejas novelas realistas del siglo XIX? ¿O solo pretendes sobrevivir durante tu próximo viaje a París? Después piensa en las implicaciones que tiene esto para el proceso. ¿Cómo vas a aprender el idioma? ¿Vas a usar Duolingo, vas a hacer un curso presencial o te vas a limitar a ver muchas películas de cine francés de la década de 1950?

Puedes hacer lo mismo si quieres abrir un negocio. ¿Con qué propósito? ¿Quieres ganar unos centenares de euros extras todos los meses para costearte las vacaciones? ¿O pretendes obtener unos cuantos millones para poder jubilarte antes de tiempo? ¿O quieres construir algo que crees que puede ayudar a la gente y cambiar vidas? Ahora piensa en qué implicaciones tiene esto en los pasos que debes seguir. ¿De verdad tienes que dejar tu trabajo actual o te basta con sacar unas horitas por las tardes? ¿Es mejor lanzarte de cabeza a crear el negocio o desarrollar antes tus habilidades?

EXPERIMENTO 2:

Los cinco porqués

Tienes que recordarte ese gran porqué cada día a todas horas. En cada correo electrónico que mandes, en cada reunión que hagas, en cada plática acompañada de un café; lo grande y lo pequeño, todo debería acercarte un poquito más a entender cuál es tu propósito final.

Aunque no siempre es fácil. ¿Alguna vez te has encontrado a la mitad de un proyecto, con tantas fechas límite a corto plazo y pequeñas tareas irritantes que has perdido de vista el objetivo final? Como yo redescubrí escribiendo este libro, puedes pasarte meses (¡o años!) centrándote en tareas irrelevantes pero urgentes, de modo que tu propósito final (por ejemplo, completar la primera versión) se convierte en algo que vas, por desgracia, dejando de lado.

Así que ¿cómo podemos garantizar que el gran porqué sea el núcleo de todas nuestras decisiones? La sugerencia llega de las líneas de producción del Japón de principios del siglo XX. En Occidente, Sakichi Toyoda es conocido por fundar la empresa que lleva su nombre: Toyota. Sin embargo, en Japón es alguien aún más reputado: primero, por revolucionar la industria textil del país a finales del siglo XIX y, segundo, por ser el padre de la revolución industrial japonesa.

Por encima de todo, Toyoda es famoso por su obsesión por eliminar errores en sus fábricas y asegurarse de que todo el mundo se centraba en las cosas importantes. Toyoda odiaba la pérdida de tiempo y recursos: se hizo famoso por diseñar un telar manual que se paraba automáticamente cuando se rompía un hilo, lo que evitaba malgastar más tela. Su insistencia en acabar con el desperdicio lo llevó a desarrollar su ahora famoso método, denominado «los cinco porqués».

En su forma original, los cinco porqués ofrecían un método simple de averiguar por qué algo había salido mal. Siempre que se detectaba un error en una línea de producción los trabajadores de Toyota se preguntaban cinco veces por qué.

Supongamos que se había estropeado una máquina. ¿Por qué? La primera respuesta los conducía a la causa inmediata: «Porque el telar se quedó atascado con un trozo de tela». El siguiente iba un poco más allá. ¿Por qué? «Porque todos estábamos un poco cansados y nadie estaba prestando atención». Al quinto porqué los empleados llegaban al origen real del problema: «Porque la cultura de empresa ahora mismo es terrible debido a que nuestro jefe es una pesadilla».

Mi giro al método Toyoda es usar los cinco porqués no solo para explicar los errores, sino también para determinar si vale la pena llevar a cabo una tarea determinada. Cuando alguien de mi equipo sugiere que nos embarquemos en un nuevo proyecto, me pregunto por qué cinco veces. La primera vez la respuesta suele estar relacionada con completar un objetivo a corto plazo. Pero si de verdad vale la pena, todo este cuestionamiento te llevará a tu propósito final, definido en tu intención del líder. Si no, seguramente no valdrá la pena que te molestes.

Este método me ayuda a mantener mi atención y la de mi equipo centradas en las cosas importantes. Preguntarse repetidamente por qué nos recuerda en qué deberíamos estar centrándonos y nos permite estar siempre encima del tema. De repente las tareas urgentes e irrelevantes parecen menos importantes. Surge el gran propósito, el gran porqué, y eso nos alivia.

PREGÚNTATE QUÉ

Una vez identificado el porqué, vas a tener que convertirlo en algo un poco más concreto. Al fin y al cabo, un propósito brumoso no basta para hacer despegar un proyecto; también necesitas un plan de acción detallado, pues, de lo contrario, te encontrarás con que no tienes ni idea de por dónde empezar.

Pero identificar qué es lo que deberías hacer en la práctica no siempre es fácil. Veamos un ejemplo en el lugar de trabajo. La relación profesional de Jim y su nuevo jefe, Charles, no estaba funcionando. Daba igual lo que hiciera Jim, Charles pensaba que era un flojo, poco serio y nada profesional. Por mucho que se esforzara, Jim no lograba dar una buena impresión.

Una mañana Charles le pidió a Jim que le hiciera una minuta de todos sus clientes. Por desgracia, Jim no tenía ni idea de qué era una minuta. Jim se pasó el resto del día dando vueltas por la oficina intentando averiguar qué le habían pedido que hiciera, pero sin que Charles se enterara. Al final de la jornada, Jim no había hecho nada. Fue a la oficina de Charles, se sentó y, finalmente, se rindió a aceptar la reacción de su jefe y preguntó: «¿Qué es una minuta?».

Este es, claro está, el argumento del episodio 23 de la quinta temporada de la versión estadounidense de la serie *The Office*. Es uno de los más vistos de la historia, porque retrata los horrores cotidianos del empleo moderno con una precisión hilarante: jefes controladores, la diplomacia en las oficinas y, por encima de todo, la terrible constatación de que no tienes ni idea de cómo hacer las tareas a las que te enfrentas.

A esto me refería al hablar de la incertidumbre del «qué». Imagina que eres un alumno que se esfuerza por entender un ejercicio que tiene que hacer, un empleado que intenta desentrañar las indicaciones vagas de su jefe o que emprendiste un proyecto personal como aprender a tocar la guitarra, pero no sabes ni por dónde empezar. En todos estos escenarios la incertidumbre sobre lo que se supone que tendrías que hacer puede convertirse en una terrible barrera para empezar a hacerlo, que te consume la energía y te deja en un estado de agotamiento incluso antes de comenzar.

La solución: convertir el propósito abstracto en una serie de objetivos y acciones concretas. Pasar del porqué al qué.

EXPERIMENTO 3:

Objetivos NICE

El primer paso para convertir tu propósito en un plan consiste en ponerse objetivos. Quizá ya sabes cuál es tu porqué definitivo, pero sin un objetivo claro te costará saber cómo alcanzarlo.

Sin embargo, ponerse objetivos tiene su truco. Todos podemos estar de acuerdo en que los objetivos son importantes. En lo que no nos ponemos tan de acuerdo es en la forma que deben adoptar.

En 1981, George T. Doran, consultor y ex director de planificación empresarial para la Washington Water Power Company, introdujo la idea de los objetivos SMART en un número de la revista *Management Review.* Los objetivos SMART son un acrónimo en inglés de «concretos, medibles, asignables, relevantes y con plazos temporales», una fórmula que enseguida se puso de moda en los círculos relacionados con la gestión empresarial y el desarrollo personal. Con el paso de los años aparecieron muchos otros acrónimos, cada uno con su propio matiz sobre qué convierte en eficaz a un objetivo. Entre ellos están los FOCUSED («flexibles, observables, coherentes, universales, simples, explícitos, dirigidos»), los HARD («sinceros, animados, necesarios, difíciles») e incluso los BANANA (banales, absurdos, no alcanzables, necesarios, alocados) por nombrar solo algunos (bueno, lo confieso, la última sigla me la acabo de inventar).

Todos estos acrónimos tienen algo en común. En primer lugar, hacen hincapié en la importancia de que los objetivos sean claros y cuantificables. Ya sean «concretos» o «explícitos», tus objetivos deberían ser fáciles de monitorizar y comprobar. En segundo lugar, tienen que centrarse en el resultado: la función de palabras como «medibles» y «observables» es que se pueda determinar, de forma objetiva, cuándo se ha alcanzado el estado final deseado.

Así que sería una lástima si al final un objetivo medible y orientado a los resultados fuera ineficaz, o si alguna vez estos objetivos acabaran convirtiéndose en un obstáculo para la productividad en lugar de ser una pieza clave.

Por desgracia, esto es lo que sugiere una nueva ola de investigaciones. Hay estudios que han hallado que, aunque los objetivos concretos y difíciles mejoran el rendimiento de algunas personas en algunos tipos concretos de tareas, también pueden tener consecuencias negativas no deseadas.[52]

La primera vez que di con esta explicación no lo podía creer. Yo llevaba años poniéndome objetivos SMART y ahora resultaba que no eran tan útiles como decían.

Objetivos NICE

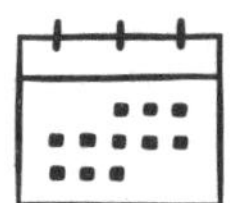

A corto plazo

Basados en el punto de partida

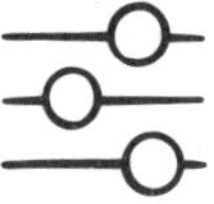

Controlables

Energizantes

Pero los datos científicos cada vez son más claros. Un problema es la visión de túnel, que se da cuando nos centramos tanto en alcanzar un objetivo muy concreto que perdemos de vista otros factores claves, como mantenernos fieles a nuestros valores. Sin embargo, el principal es el efecto que tienen en nuestra motivación: si nos obsesionamos con un objetivo, perdemos de vista el placer intrínseco que se deriva de una tarea. En 2009 investigadores de Harvard, Northwestern, la Universidad de Pensilvania y la Universidad de Arizona colaboraron en un artículo titulado «Goals gone wild: the systematic side effects of overprescribing goal setting» («Objetivos desatados: los problemáticos efectos secundarios de la sobrerrecomendación de ponerse objetivos»).[53] En él describen el ponerse objetivos como un proceso adictivo y corrosivo, una «recomendación equivalente a la de recetar un medicamento» que no debe considerarse «inocuo y sin receta para el tratamiento de la desmotivación».

No estoy diciendo que ponerse objetivos sea malo o que los objetivos SMART y otros similares no sean eficaces. Lo cierto es que sí funcionan para motivar el rendimiento de determinados tipos de personas y en tareas concretas. Pero tienen un efecto secundario dañino, y si te enfrentas a la procrastinación te puede ir bien adoptar otro tipo de abordaje.

Mi método preferido no implica centrarse en un resultado o destino externo, sino que hace hincapié en un trayecto agradable. Se basa en lo que yo denomino objetivos NICE (por las siglas que forman en inglés la palabra «amable»).

- **A corto plazo**. Los objetivos a corto plazo aseguran que nos estamos concentrando en los pasos inmediatos que debemos dar para avanzar en el camino. Esto nos ayuda a evitar que la visión de conjunto nos supere. Yo considero que los objetivos diarios o semanales son los que más ayudan.
- **Basados en el punto de partida**. Los objetivos basados en datos hacen hincapié en el proceso, en lugar de en un objetivo final abstracto y lejano. Mientras que un objetivo basado en el punto de llegada o resultado sería algo así como «perder 5 kilos a final de año» o «que mi libro entre en la lista de los más vendidos», un objetivo basado en el punto de partida se centra en lo que podemos hacer aquí y ahora, como «salir a pasear diez minutos todos los días» o «escribir cien palabras de mi novela todas las mañanas».
- **Controlables**. La idea es centrarse en objetivos que podemos controlar. «Dedicar ocho horas al día a mi novela» es algo que probablemente no puedes hacer, porque hay muchos factores externos que deben confluir para que este punto de partida sea posible. Es mucho más realista ponerse un objetivo que sea genuinamente controlable (como reservar veinte minutos al día para una tarea).
- **Energizantes**. Ya hablamos de muchos principios y estrategias para hacer que nuestros proyectos, tareas

y obligaciones nos llenen de energía. ¿Hay alguna manera de integrar el juego, el poder y la gente en los objetivos que te has marcado?

Podrías incluso empezar a usar un objetivo SMART para el largo plazo y uno NICE para el aquí y ahora. Veamos unos cuantos ejemplos:

	Objetivo SMART	**Objetivo NICE**
Ejercicio	Perder 10 kilos en los próximos tres meses.	Hacer ejercicio a diario durante 30 minutos centrándome en actividades que me gusten y que pueda hacer.
Carrera profesional	Conseguir un ascenso a un puesto sénior en los próximos dos años.	Dedicar una hora semanalmente a mejorar una habilidad clave o establecer relaciones profesionales con otras personas de mi sector.
Educación	Completar un máster en dos años.	Dedicar 30 minutos diarios a repasar el material del curso y hacer las tareas para que sea manejable.

El resultado serán objetivos que te cargarán de energía y mejorarán tu productividad feel good, pero no te arruinarán la vida si no logras completarlos.

EXPERIMENTO 4: El método de la bola de cristal

Con tus objetivos NICE a la vista deberías tener una idea más clara de qué tienes que hacer específicamente, algo que debería facilitarte el ponerte en marcha. Sin embargo, antes de emprender el viaje te puede ir bien hacer un diagnóstico de posibles problemas.

Imagínate dónde estarás dentro de una semana. Ya tenemos claro qué quieres hacer y por qué, pero, a pesar de tanta preparación, aún no has empezado. ¿Qué ha fallado?

Yo llamo a esto el «método de la bola de cristal», aunque también se conoce como *premortem.* Proporciona una forma de identificar los grandes obstáculos para alcanzar tu objetivo antes de que te hagan descarrilar.

La idea es sencilla. Al repasar mentalmente qué podría salir mal reduces muchísimo la probabilidad de que realmente suceda. De hecho, según un influyente estudio de la profesora de Wharton Deborah Mitchell, la «predicción a toro pasado», el proceso de imaginar que un suceso ya tuvo lugar, incrementa nuestra capacidad para identificar por qué las cosas saldrán bien (o mal) en un 30 por ciento.[54]

Para mí el método de la bola de cristal es el más potente cuando empleas una serie de preguntas sencillas, unas que siempre digo a mi equipo que me plantee y que yo también le planteo:

1. Imagina que ya pasó una semana y que no has empezado la tarea que tenías pensado hacer. ¿Cuáles son los tres motivos principales que te lo impidieron?
2. ¿Qué puedes hacer para mitigar el riesgo de que esos tres motivos hagan que te descarriles?

3. ¿A quién puedes pedir que te ayude a ser fiel a tu compromiso?
4. ¿Qué acciones puedes emprender desde ya que te ayuden a incrementar la probabilidad de que llegues a completar la tarea?

Este método funciona para casi cualquier objetivo que nos cueste alcanzar. Porque si de algo podemos estar seguros es de que algunos planes no salen según lo previsto. Así que necesitas trazar un plan también para esta circunstancia. Como dijo el general Eisenhower, «nunca se ha ganado una batalla siguiendo el plan, pero tampoco se ha ganado ninguna sin uno».

PREGÚNTATE CUÁNDO

¿Con qué frecuencia te planteas emprender una tarea y piensas «No sé si voy a encontrar tiempo para hacerla»?

El tiempo está, citando al filósofo Oliver Burkeman, «siempre casi a punto de acabarse».[55] Para algunos más que para otros. Aunque a menudo nos dicen que el día tiene veinticuatro horas para todos, es obvio que eso no es verdad. Puede que todos los días tengan veinticuatro horas, pero cuántas de ellas están realmente en tus manos depende de muchísimas cosas. Una persona famosa que cuenta con cocinero, chofer, dos niñeras a tiempo completo y tres asistentes personales dispone de muchas más de esas veinticuatro horas para hacer lo que le plazca. El resto de los mortales debemos dedicar varias horas al día al mantenimiento vital: desplazarnos a nuestros lugares de trabajo, pasar allí unas horas, regresar a casa después, cuidar de los hijos, cocinar, limpiar, hacer las compras y lavar la ropa.

Todo esto significa que el tiempo es un suministro que siempre escasea. Por tanto, todo lo relacionado con la gestión del tiempo constituye siempre el último paso para disipar la niebla de la incertidumbre.

Hasta ahora hemos examinado cómo determinar el propósito general, preguntando por qué, y cómo identificar objetivos finales y tareas, preguntando qué. Pero hay una pregunta que aún no hemos hecho. Si no sabes cuándo vas a hacer algo, lo más probable es que no lo hagas.

Si no sabes cuándo vas a hacer algo, lo más probable es que no lo hagas.

Hasta cierto punto, preguntar cuándo tiene que ver con aceptar tus limitaciones. Si no tienes más que un puñado de horas libres a la semana y no las aprovechas al máximo según los dictados de la «productividad», esto no significa necesariamente que estés procrastinando; tal vez solo estás priorizando.

Pero cuando hablamos de proyectos con los que queremos comprometernos de verdad tenemos que dar respuesta a la difícil pregunta del cuándo. Y el primer método para hacerlo tiene su origen en la Universidad de Boston a mediados de la década de 2010.

EXPERIMENTO 5: **Propósitos de implementación**

En el otoño de 2015 empezaron a aparecer en Boston unos folletos publicitarios dirigidos a personas que sentían que «no tenían tiempo para hacer ejercicio». El grupo de investigación responsable de ellos quería entender cuál era la forma más eficaz de conseguir que la gente hiciera más ejercicio.

Se invitó a las personas que respondieron a participar en un experimento en el que se marcarían el objetivo de incrementar el número de pasos que daban cada semana. Cada una recibió un Fitbit, un dispositivo que registra variables relacionadas con la salud, como el número de pasos diario, con la instrucción de llevarlo puesto durante cinco semanas.

Sin saberlo, los participantes habían sido divididos en dos grupos. Al primero solo le dieron el Fitbit, sin más indicaciones. Al segundo le dieron una serie de estímulos. El primero de ellos fue que explicaran en qué momentos del día pensaban sumar pasos. A partir de ese día todas las tardes recibían un cuestionario por correo electrónico en que se les solicitaba que revisaran sus horarios del día siguiente e identificaran el momento en el que podrían hacer la actividad.

Los resultados de esa pequeña intervención fueron transformadores. Al final de las cinco semanas, el primer grupo (que solo recibió el Fitbit, sin más instrucciones) prácticamente no varió su cantidad de pasos diaria. En cambio, el segundo grupo (que recibió el Fitbit con indicaciones concretas) incrementó la cantidad de pasos de 7 000 a 9 000 en promedio.

Esos pequeños desencadenantes se llaman «propósitos de implementación», y la ciencia del cambio de comportamiento indica que pueden ser revolucionarios.

Los propósitos de implementación han sido el centro de las investigaciones de Peter Gollwitzer, un profesor de Psicología de la Universidad de Nueva York. Ofrecen un método que construye momentos para ti en tu comportamiento rutinario, igual que los comentarios del estudio de Boston. Si decides de antemano cuándo vas a hacer algo, es mucho más probable que lo hagas. Según Gollwitzer, la mejor fórmula para los propósitos de implementación es una frase en condicional: «Si pasa X, entonces Y».

Si quieres practicar la atención plena pero no tienes claro cómo encajar esta práctica en tu horario, crea un desencadenante: «Cuando me levante por mi taza de café de media mañana haré cinco respiraciones profundas antes de ir a la salita de la cafetera».

Si quieres conseguir que comer fruta deje de ser un hecho aislado y se convierta en un comportamiento a largo plazo, crea un desencadenante: «Cuando vaya a la cocina me comeré una manzana».

Si quieres pasar más tiempo con tu familia a largo plazo, crea un desencadenante: «Cuando llegue a casa del trabajo llamaré a mi madre».

Estos pequeños desencadenantes pueden tener un efecto muy importante. En 2006, Gollwitzer fue coautor de un metaanálisis que implicaba a más de 8 000 participantes de 94 estudios diferentes y que demostraba que estos incitadores basados en «Si [...], entonces [...]» cambian el comportamiento de las personas a largo plazo.[56] La conclusión fue que cuando creamos una frase del tipo «Si [...], entonces [...]» que debemos seguir, estamos reforzando nuestra representación mental de la situación por adelantado. De este modo, cuando aparece el desencadenante es más difícil que lo dejemos pasar. Ya forma parte del modelo mental que usamos para abordar la situación.

Ya no tienes que pensar en cuándo vas a hacer algo. Lo haces y punto.

El resultado es espectacular. Ya no tienes que pensar en cuándo vas a hacer algo. Lo haces y punto.

EXPERIMENTO 6:

Reserva tiempo

Hay una forma aún más evidente de encontrar el tiempo para hacer las cosas que valoras, pero es, seguramente, la que menos se usa: reservar tiempo.

Reservar tiempo es una forma técnica de decir «si quieres hacer algo, anótalo en el calendario». Y no me refiero solamente a reuniones; hablo de reservar tiempo para hacer un trabajo intensivo, para hacer trámites, para salir a correr. Es bastante evidente. Y, aun así, es la herramienta que menos personas usamos.

Siempre me fascina la cantidad de personas que son muy organizadas, tienen mucha motivación y objetivos vitales claros, pero no hacen el esfuerzo de incluir en su agenda las cosas que más valoran. Es algo que me vuelve loco. Yo aprendí por las malas que si no pones en la agenda las cosas que quieres hacer, no las haces nunca.

Me pregunto a menudo por qué la gente se niega a usar su agenda. Me da la sensación de que se resisten un poco a la idea de estructurar tanto sus días. Escribir «Ir al gimnasio» o «Dedicar una hora a escribir mi novela» puede parecer algo demasiado rígido y estructurado para cosas que no consideramos trabajo.

Pero la verdad es que la estructura nos proporciona más libertad, no menos. Al reservar trocitos de tiempo para las distintas actividades te aseguras de que tendrás tiempo para todo lo que te importa: trabajo, aficiones, descanso y relaciones. No estarás solo reaccionando a lo que surja o te lancen a lo largo del día. En lugar de eso, estarás dando forma a tu vida según tus prioridades.

Piensa en ello como en un presupuesto de tu tiempo. Del mismo modo que distribuyes tus ingresos entre distintas categorías como el alquiler, las compras de la semana, el ocio y los ahorros, también repartes tus veinticuatro horas entre distintas actividades. Y del mismo modo que hacerte un presupuesto puede darte libertad financiera, reservar tiempo puede liberar tus horas.

Si quieres empezar a hacerlo, recurre a mi sistema de tres niveles que te ayudará.

El nivel 1 consiste en reservar tiempo para tareas concretas que has estado evitando. En este nivel empiezas a abordar las tareas que llevas demasiado tiempo posponiendo en tu lista de cosas pendientes. Puede ser cualquier cosa, desde limpiar tu bandeja de entrada hasta ordenar tu mesa de trabajo o acabar de una vez de hacer ese informe que has estado evitando. Debes reservar una cantidad de tiempo concreta para estas tareas en tu agenda. Puedes reservar el martes de 9:00 a 10:00 para despejar tu bandeja de entrada de correo electrónico. Trata estas reservas como tratarías cualquier otro tipo de cita. Cuando llegue la hora, céntrate únicamente en la tarea correspondiente.

El nivel 2 pasa por bloquear la mayor parte de las horas de tu día. Cuando ya tengas un poco de práctica reservando tiempo para tareas concretas, puedes empezar las mañanas creando un horario cerrado para todo el día. Imagina que al despertar planeas el día de este modo: de 7:00 a 8:00, ejercicio; de 8:00 a 9:00, desayuno y tiempo en familia; de 9:00 a 11:00, trabajo intenso en tu proyecto más importante; de 11:00 a 11:30, responder correos electrónicos, etcétera.

Básicamente estás convirtiendo tu lista de tareas en un horario. Al reservar tiempo para cada una de las tareas estás creando un plan claro de cuándo y cómo vas a hacer las cosas a lo largo del día.

Por último, llegamos al nivel 3: reservar tu «semana ideal». En este caso no planificas un único día, sino los siete que tienes por delante, y así te aseguras de que todos los aspectos de tu vida reciben la atención que merecen. Identifica todo lo que es importante para ti: trabajo, familia, aficiones, ejercicio, relajación, desarrollo personal, etcétera. A continuación asigna momentos concretos de la semana para cada uno de esos aspectos.

Por ejemplo, puedes decidir que vas a hacer ejercicio cada día laborable de 18:00 a 19:00, que de 19:00 a 20:00 se cena en familia y que de 20:00 a 21:00 vas a leer. De un modo similar, puedes reservar los lunes y los martes por la mañana para el trabajo intenso, los miércoles por la tarde para las reuniones de equipo y los viernes por la tarde para el desarrollo personal. La clave es crear un equilibrio que te funcione. Tu semana ideal debería ser un reflejo de tus prioridades, ambiciones y circunstancias personales.

Es posible que nunca puedas llegar a cumplir a rajatabla esa semana ideal, y por eso se llama «ideal». Inevitablemente, surgirán cosas que te desviarán del objetivo, y no pasa nada. Reservar tiempo no consiste en crear un horario rígido que te estrese, sino en proporcionarte una estructura que te asegure tener tiempo para lo que más te importa.

Una vez que lo tengas, la niebla de la incertidumbre se despejará un poco.

EN RESUMEN

- No entendemos la procrastinación. Demasiado a menudo nos dedicamos a tratar los síntomas en lugar de las causas subyacentes. Y, también demasiado a menudo, las causas están relacionadas con nuestro estado de ánimo: cuando nos sentimos mal, conseguimos menos cosas. Por eso el método desbloquéate consiste en determinar qué es lo que bloquea tu buen humor y buscar formas de eliminarlo.

- El primer obstáculo emocional es el más sencillo: la incertidumbre. La solución pasa por tener más claro qué es lo que estás haciendo. Esto implica preguntarse por qué y después usar la respuesta para averiguar el cómo.

- A continuación, pregúntate qué. Esto nos conduce a un método alternativo para fijar objetivos. Olvida los objetivos SMART. Lo que necesitas son objetivos amables, NICE (a corto plazo, basados en el punto de partida, controlables y energizantes).

- Por último, pregúntate cuándo. Si no sabes cuándo vas a hacer algo, lo más probable es que no lo hagas. Una solución consiste en usar los propósitos de implementación y convertir tus hábitos diarios en desencadenantes de las cosas en las que intentas trabajar. Por ejemplo, siempre que me cepillo los dientes después hago unos estiramientos de isquiotibiales.

CAPÍTULO 5

LLÉNATE DE VALOR

Alex Honnold se aferró a la piedra con la yema de los dedos.

A centenares de metros, desde el suelo, en las laderas arboladas del valle de Yosemite sus amigos lo miraban conteniendo la respiración. Nada lo unía a El Capitán, la roca de casi 1 000 metros de altura que estaba intentando escalar. Pero ya no podía volver atrás. Su única opción era seguir subiendo.

Free Solo, el documental que narra el intento de ascenso sin cuerdas de Honnold a El Capitán, que batió varios récords, se convirtió en un fenómeno tras su estreno en 2018. La película nos invita a reflexionar sobre una pregunta que todos nos hemos planteado: ¿por qué hay personas que se atreven a hacer cosas que la mayoría de nosotros no haríamos ni en sueños?

En este caso, la respuesta puede estar relacionada con un aspecto único de la anatomía de Honnold. Él tiene algo que los demás no o, mejor dicho, carece de algo que los demás sí tenemos. En una de las escenas, el equipo del documental acompaña a Alex a una consulta médica, donde le hacen una resonancia magnética. Su médico le explica que hay una parte de su cerebro que tiene menos actividad en comparación con la del resto de las personas, una estructura diminuta denominada amígdala.

La amígdala es el «detector de amenazas» y se encarga de generar emociones que contribuyen a nuestra supervivencia, como el miedo. Las personas con defectos en la amígdala no sienten miedo, ni a hablar en público, ni a cruzar a pie una autopista. Esto explica la capacidad de Honnold para trepar por un bloque de piedra a casi 1 000 metros de altura sin ponerse nervioso.

Lo bueno de la amígdala es que nos ayuda a sobrevivir. Si no tuviéramos una parte del cerebro diciéndonos que nos apartáramos de tigres, serpientes y vehículos a gran velocidad, seguramente la especie humana no habría durado tanto. La mala noticia es que la amígdala también puede percibir amenazas que no son reales. Los investigadores denominan a esto «secuestro de la amígdala», y sucede cuando esta nos dice que evitemos algo o huyamos de ello cuando no existe ninguna amenaza grave para nuestra integridad.

El secuestro de la amígdala contribuye a nuestro segundo gran bloqueador: el miedo. Cuando nos enfrentamos a dificultades que amenazan nuestra seguridad, como conocer a un grupo de desconocidos o llevar a cabo una tarea que debe completarse antes de una fecha límite próxima, o tenemos que hacer un examen importante, la amígdala interpreta esas tareas como amenazas. Aunque racionalmente sabemos que dejarlas para más adelante nos generará más estrés en el futuro, nuestro cerebro sigue programado para que le parezca más importante eliminar la amenaza presente. ¿Y cuál es la forma más sencilla de hacerlo? No hacer nada.

¿Has dudado alguna vez a la hora de presentarte a una oferta de trabajo o pedir un ascenso por miedo al rechazo?

¿Has dejado de ir a un acto social porque no conocías a muchos de los invitados? ¿Has dejado de lado un proyecto artístico porque te preocupa no tener las habilidades necesarias? Eso se debe a tu amígdala.

Lo que te frena no es la falta de talento o inspiración. Es el miedo.

El miedo es otra emoción negativa que bloquea tu productividad. Lastra nuestras hormonas del bienestar y nos nubla el pensamiento y la capacidad de resolución de problemas. La procrastinación es natural cuando nos enfrentamos al miedo.

La solución: llenarse de valor. Mirar de frente al miedo, reconocerlo y seguir adelante.

No me malinterpretes: el objetivo de este capítulo no es ayudarte a «curar» o «superar» mágicamente tu ansiedad y tus dudas sobre tus capacidades. A diferencia de Alex Honnold, lo más probable es que tu miedo nunca desaparezca por completo. Pero al desarrollar el valor de enfrentarte a tus miedos y entenderlos puedes superar los obstáculos emocionales que podrían arrastrarte a toda una vida de procrastinación. Cuando el miedo encierra tus habilidades en una mazmorra, la llave es el valor.

CONOCE TU MIEDO

Yo tardé siete años en lanzar mi empresa. Quería crear un canal de YouTube desde 2010, pero siempre que pensaba en grabar ese primer video, aunque hubiera reservado el tiempo en mi agenda y me hubiera sentado a hacerlo, experimentaba una especie de fuerza que me impedía lanzarme a ello. Al principio pensé que lo hacía por perfeccionismo. Al fin y al cabo, mis estándares de calidad son elevados. No quería hacer unos videos que dieran vergüenza ajena.

Pero, visto en perspectiva, ahora sé que me equivocaba. Yo era perfeccionista en muchos ámbitos (en los exámenes, haciendo amigos, practicando mis trucos de magia...), pero el perfeccionismo no me había frenado para hacer nada de eso. Había algo más que me estaba deteniendo: el miedo. El miedo al fracaso, el miedo a que me juzgaran, el miedo a no ser lo bastante bueno. Durante años la voz del miedo que tenía en la cabeza no dejó de repetir: «Esto no va a funcionar, hagas lo que hagas» y «No eres lo bastante bueno para lograr que esto funcione, no vale la pena ni que lo intentes». Al final no hice ningún video hasta 2017.

Quizá el principal motivo por el que tardé casi una década en superar este miedo era que no lo entendía. No podía explicar con palabras qué me estaba frenando a la hora de grabar esos videos. Yo pensaba que estaba siendo flojo y que no me lo tomaba en serio, y eso no hacía más que alimentar las dudas sobre mí mismo y mi discurso interno negativo. Pero cuando empecé a entender qué papel tenía el miedo en mi vida pude por fin identificar que se trataba del primer obstáculo que se interponía entre mis ambiciones y yo.

Llegar a conocer tus miedos es el primer paso para superarlos.

El conocimiento es poder. Llegar a conocer tus miedos es el primer paso para superarlos. Si los gestionas correctamente, no te llevará siete años.

EXPERIMENTO 1:

Etiqueta tus emociones

La primera forma de conocer nuestro miedo quedó bien establecida en 2016 gracias a 88 personas con fobia a las arañas, unos cuantos científicos y una tarántula rosa chilena.

Con corazones desbocados y manos sudorosas, el grupo de aterrorizados voluntarios se puso en fila para ver una de las arañas más grandes del mundo. Uno a uno se acercaron a la tarántula de 15 centímetros, cuyas patas arrojaban una sombra amenazante sobre las paredes del terrario. Eso hasta que llegaba, por fin, el momento más aterrador de todos: les pedían que alargaran la mano y tocaran a la araña con la yema del dedo índice.

La motivación de aquellos individuos no era masoquista. Estaban participando en un estudio muy novedoso sobre la ciencia del miedo.[57] En concreto, estaban ahí para explorar el misterioso poder que tiene poner nombre a nuestros miedos para superarlos.

Antes de ver la tarántula habían dividido a los participantes en varios grupos. Los científicos de la UCLA que estaban llevando a cabo el experimento explicaron a cada grupo una táctica distinta para afrontar la situación. A algunos les dijeron que se distrajeran o que pensaran en la araña en términos menos negativos. Pero a uno de los grupos le dijeron algo mucho más concreto: que etiquetaran sus emociones al enfrentarse a ella. Por ejemplo: «Me da ansiedad y asco pensar que la tarántula puede saltarme encima».

Al final del estudio los grupos dijeron que la experiencia los había angustiado, pero a algunos más que a otros. El grupo al que le fue mejor fue el que había expresado su miedo con palabras. Este grupo era sustancialmente más propenso a acercarse más a la araña, y los participantes explicaron que sus sensaciones y miedos habían ido desapareciendo poco a poco y habían sido sustituidos por una nueva sensación de control. Esta sensación se prolongó durante casi una semana después de la prueba inicial.

Este estudio apunta a una forma muy potente de no sobredimensionar nuestros miedos. El objetivo no es hacer que la amígdala deje de funcionar (lo que incrementaría muchísimo la probabilidad de que te atropellara un camión), sino reconocer el secuestro de la amígdala.

Esta técnica se denomina «etiquetado afectivo». En términos sencillos, consiste en poner nombre a los sentimientos, lo que obliga a identificarlos y conocer las sensaciones que causan. Esto funciona de dos maneras. Por un lado, aumenta tu autoconsciencia. Al nombrar y reconocer nuestros miedos cultivamos una sensación de consciencia propia mucho más profunda que nos ayuda a entender mejor nuestros patrones emocionales. En segundo lugar, reduce el *overthinking*. Los pensamientos cíclicos sobre nuestros miedos nos convencen aún más de que están justificados. Al etiquetar nuestras emociones somos más capaces de procesarlos y liberarlos y, al hacerlo, huimos de los pensamientos cíclicos que nos hacen posponer las cosas.

El problema es que etiquetar nuestras emociones no siempre es fácil. Si te pareces a mí, es probable que te cueste un poco llegar a identificar siquiera que hay miedos y emociones que te podrían estar frenando. Se nos da muy bien racionalizar motivos «sensatos» para no hacer las cosas: «No estoy posponiendo la creación de mi empresa porque me dé miedo algo; lo que pasa es que aún no he dado con una buena idea», o «No es que el miedo esté frenando el avance de mi novela, es que no he tenido tiempo».

Así que ¿cómo podemos empezar a acostumbrarnos a poner nombre a nuestros miedos y, al hacerlo, aprender a procesarlos? Hay un método que consiste en plantearse unas preguntas. Cuando estés procrastinando pregúntate: «¿De qué tengo miedo?». Nuestras vulnerabilidades e inseguridades más íntimas suelen ser el origen de la procrastinación. Para superarlas, lo primero que hay que hacer es identificarlas.

El siguiente paso es ir un poco más allá y preguntarse: «¿De dónde procede ese miedo? ¿Es algo que surge de mí o de los demás?». Un miedo que surge de ti se asocia con tu percepción sobre tus capacidades. Por ejemplo, el miedo a que algo no se te dé lo bastante bien o a no tener la suficiente preparación para empezar a hacerlo. Los miedos que surgen de los demás se asocian con la reacción de otras personas a lo que tú vayas a hacer. Por ejemplo, el miedo a que a la gente no le guste tu trabajo, o a que te juzguen por tomar la iniciativa. En cada uno de estos casos debes intentar aclarar internamente de qué trata exactamente ese miedo y de dónde viene.

¿Y qué sucede si no eres capaz de observar tus miedos de forma desapasionada para poder interpretarlos? Una estrategia que a mí me ayuda es narrarme a mí mismo mi experiencia, pero como si se la estuviera contando a otra persona. Yo no tengo miedo, claro que no, me digo, pero si tuviera que escribir un cuento sobre una persona como yo, en mi misma posición, que estuviera procrastinando sus tareas porque le da miedo algo, ¿qué sería ese algo? ¿Qué miedo podría estar lastrando a ese personaje de ficción a la hora de ponerse a trabajar?

EXPERIMENTO 2:

La etiqueta identitaria

A veces tenemos miedo a cosas muy concretas: empezar un proyecto o enfrentarnos a una tarántula gigante. Sin embargo, a veces nuestros miedos son más globales: no se centran tanto en problemas concretos, sino en nuestra identidad en sentido amplio. Nos autoasignamos etiquetas que nos generan mucho miedo a empezar algo: «Yo no soy *runner*», «Me dan miedo las matemáticas», «No me gustan las tareas creativas».

Estas identidades pueden causarnos miedo a empezar, del mismo modo que los miedos más concretos. Ya en la década de 1960 el sociólogo Howard Becker sugirió que las etiquetas que nos pone la sociedad afectan profundamente a nuestra forma de comportarnos. En esa época Becker se centró en las etiquetas en el contexto de la criminalidad y halló que las personas etiquetadas como «criminales» después de cometer su primer delito eran mucho más propensas a volver a delinquir.

En la década de 1990 una serie de estudios ya demostraron que este problema no era exclusivo de la criminalidad. En todas partes, dc escuelas a reformatorios o academias militares, las personas que reciben etiquetas negativas son mucho más propensas a volver a incurrir en comportamientos problemáticos. Las etiquetas que nos otorgamos, como demostró Becker, afectan a nuestro comportamiento.

Becker lo llamó «teoría de las etiquetas» y sugirió que estas se convierten en una profecía autocumplida.[58] Seguramente es algo que has vivido en carne propia. Una relación de pareja no te funciona y tu conclusión es que no sirves para las relaciones. Repruebas un examen y te etiquetas como un fracaso académico total. Entregas tarde un trabajo y te etiquetas como una persona que procrastina.

La buena noticia es que las etiquetas también funcionan en sentido contrario. Del mismo modo que las etiquetas negativas pueden amplificar tus miedos, las positivas pueden ayudarte a superarlos.

Por ejemplo, cuando tengo dudas sobre mí, una etiqueta que me gusta mucho aplicarme es la de «persona que nunca deja de aprender». Esta etiqueta subraya mi predisposición al crecimiento y el aprendizaje. También hace que no me centre en los aspectos negativos de la procrastinación, como la vergüenza y los remordimientos, sino que me da la confianza para seguir adelante y continuar aprendiendo. Una persona que nunca deja de aprender cosas siempre busca nuevas formas de mejorarse. Una persona que nunca deja de aprender no se queda clavada mucho tiempo en la procrastinación.

Tú también puedes usar este método. Cuando notes que estás posponiendo cosas, fíjate en qué etiquetas estás usando. ¿Te estás identificando de más con el problema? ¿Con qué frecuencia dices cosas como «Mi procrastinación es crónica» o «No puedo prometer que vaya a terminar a tiempo, es que procrastino mucho»? ¿Y cuál sería una forma más positiva de identificarte? ¿Como alguien que se esfuerza mucho? ¿Como alguien que ya alcanzó cotas altas? ¿Como alguien que cumple con los plazos de entrega?

Parece un cambio mínimo, pero no lo es. Las etiquetas son algo más que cartelitos que nos cuelgan los demás. Son herramientas que nos pueden ayudar a entender quiénes somos. A menudo, si somos capaces de cambiar nuestras etiquetas, también podremos cambiar nuestro comportamiento.

REDUCE EL MIEDO

Cuando Peter DeLeo llegó al Ranch House Café de Olancha, California, estaba tan demacrado que apenas resultaba reconocible. Llevaba nueve días caminando.[59]

Habían pasado casi dos semanas desde que su avioneta se había estrellado en la Sierra Nevada de California. Milagrosamente, los tres pasajeros habían sobrevivido, pero el único que empezó a buscar ayuda fue DeLeo. Lleno de heridas y golpes, empezó a alejarse caminando del lugar del accidente en busca de alguien. Caminar no era fácil: el avión se había estrellado a unos 2 800 metros de altura, y DeLeo tuvo que atravesar a pie las cimas cubiertas de nieve de la cordillera. Al final vio luces desde una cima y bajó con dificultad hasta llegar a una carretera, de noche, donde logró parar a un coche que pasaba.

Cuando llegó a la cafetería, DeLeo se negó a recibir tratamiento médico. Era más urgente que un equipo de rescate saliera a buscar a sus dos pasajeros. Se subió al avión y guio al equipo de búsqueda al lugar del accidente. Pero era demasiado tarde: sus amigos habían muerto.

¿Por qué DeLeo sobrevivió a su caminata en busca de ayuda mientras que los dos pasajeros que esperaban murieron? Esta es la pregunta que el psicólogo especializado en supervivencia John Leach lleva años intentando responder.[60] «Los artículos de los periódicos solo mencionaban de pasada a sus dos compañeros muertos —escribió Leach en una ocasión—. Sin embargo, uno de ellos no tenía más que heridas superficiales como consecuencia del accidente. ¿Por qué murió, entonces? Tenían material con el que construirse un refugio, tenían agua y nadie se muere de hambre en once días».

La investigación de Leach sobre la reacción de las personas ante los desastres pone al descubierto una verdad fundamental sobre la naturaleza humana: cuando tenemos miedo, nos paralizamos. Cuando ocurren desastres es habitual que las víctimas experimenten parálisis cognitiva, lo que significa que son incapaces de pensar, tomar decisiones o actuar.

La buena noticia es que la parálisis cognitiva se puede reducir. Al fin y al cabo, no todo el mundo experimenta los efectos incapacitantes del miedo. Algunas personas, como Peter DeLeo, parecen capaces de convertir la adrenalina que paraliza a algunos en algo mucho más potente: la capacidad de escalar montañas, buscar ayuda y seguir moviéndose. Con las herramientas correctas podemos reducir los efectos del miedo en nosotros.

EXPERIMENTO 3: **La norma 10/10/10**

La primera forma de reducir el poder del miedo sobre nosotros es tomar perspectiva.

Uno de los motivos que hace que el miedo sea tan paralizante es que tendemos al catastrofismo. En nuestra imaginación, un pequeño revés se convierte en algo importantísimo. Cada posible fracaso podría destruir toda nuestra vida y definirnos para siempre. Piensa en esto:

- Una persona que te gusta te rechaza, y por eso decides que nadie te va a querer nunca y que vas a pasar el resto de tu vida en soledad.
- No te contratan en un trabajo, y por eso decides que nadie va a darte empleo jamás y que acabarás sin trabajo y viviendo en la calle.
- Repruebas el examen de manejo, y por eso decides que se te da muy mal manejar y que no volverás a conducir un coche nunca más.

Cuando notes que te estás poniendo catastrofista, intenta dar un paso atrás y observar la situación en su conjunto. Con las herramientas correctas podemos llegar a entender que las cosas no son tan malas como parecen y, de este modo, la intensidad del miedo disminuye.

El nombre científico de este proceso es «reevaluación cognitiva»; es decir, cambiar la interpretación de una situación para sentirnos mejor emocionalmente.[61] El principal objetivo de la reevaluación cognitiva es variar nuestra perspectiva de un suceso, pensamiento o sensación para permitirnos tener una respuesta emocional más positiva.

Una forma sencilla de poner en práctica la reevaluación cognitiva es recordarte que lo que ahora te hace sentir tan mal seguramente no tenga mucha importancia en el futuro. Puedes llevarla a cabo haciéndote estas tres preguntas, que juntas constituyen lo que yo denomino la norma 10/10/10:

¿Qué importancia va a tener esto dentro de 10 minutos?

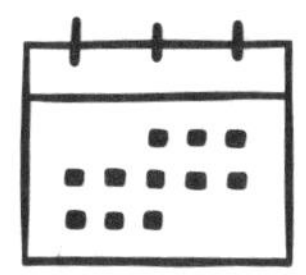

¿Qué importancia va a tener esto dentro de 10 semanas?

¿Qué importancia va a tener esto dentro de 10 años?

Ahora vamos a ver cómo funciona con los ejemplos que hemos puesto antes.

- **Desencadenante**: Una persona que te gusta te rechaza. ¿Qué importancia va a tener esto dentro de diez minutos? Seguramente estarás un poco triste y no querrás ver a esa persona. ¿Qué importancia va a tener esto dentro de diez semanas? Seguramente a esas alturas ya no estarás tan triste. Pueden pasar muchas cosas. ¿Qué importancia va a tener esto dentro de diez años? Seguramente ninguna; de aquí a entonces conocerás a muchas personas que podrían cambiar tu vida por completo.
- **Desencadenante**: No te contratan para un trabajo. ¿Qué importancia va a tener esto dentro de diez minutos? Bastante. Seguramente te vas a pasar el resto del día deprimido/a. ¿Qué importancia va a tener esto dentro de diez semanas? Poca, porque para entonces te habrás presentado a un montón de ofertas de trabajo. ¿Qué importancia va a tener esto dentro de diez años? Ninguna. Casi nadie

alcanza el éxito laboral sin superar algunos baches y aprenderás a ver esto como un pequeño obstáculo.

- **Desencadenante**: Repruebas el examen de manejo. ¿Qué importancia va a tener esto dentro de diez minutos? Una poca. Vas a tener que pasar la vergüenza de contárselo a tu profesor. ¿Qué importancia va a tener esto dentro de diez semanas? Seguramente no mucha. Ya tienes hora para repetir el examen y, con suerte, lo aprobarás. ¿Qué importancia va a tener esto dentro de diez años? Ninguna. Seguramente olvidarás la vergüenza. Podría incluso ser una historia graciosa, si es que la recuerdas.

La norma 10/10/10 nos ayuda a reconocer la magnitud del problema que nos está estresando. Generalmente descubrimos que los fracasos que ahora nos preocupan no van a definirnos para siempre y que los miedos que tenemos ahora no siempre serán tan trascendentes.

EXPERIMENTO 4:

La ecuación de la seguridad

Por supuesto, el miedo no siempre se manifiesta de forma tan dramática como «Voy a arruinar mi vida para siempre». Hay miedos que experimentamos de forma leve, como una duda constante que se interpone entre nosotros y nuestros objetivos: el miedo a no ser lo bastante buenos.

Yo imagino a menudo estas dudas como una forma de animación suspendida. Nos quedamos flotando entre dos creencias mutuamente excluyentes: una parte de nosotros cree que de verdad quiere hacerlo, mientras que la otra dice: «No voy a ser capaz». El resultado es la parálisis.

Por ejemplo, cuando yo procrastino la escritura (algo que me sucede a menudo) es porque estoy suspendido entre dos ideales. Por un lado, el deseo genuino de escribir mi libro, ¡de crear algo bello!, ¡de ayudar a las personas!, y, por otro, una vocecilla en la cabeza que me dice: «Escriba lo que escriba va a ser una basura, así que no tiene sentido hacerlo». O «Es que ni siquiera se me da bien escribir, ¿por qué me metí en este problema?».

Hay algunos casos en los que la duda es útil y vale la pena. Yo dudo mucho de que sea capaz de pilotar un avión o diseñar un cohete. Pero la mayoría de nuestras dudas no son tan racionales. Generalmente, que causen procrastinación no implica que tengan fundamento. Son resultado de nuestra percepción: la fe en nuestras capacidades es inferior a la que creemos necesaria para llevar a cabo la tarea. Si te gustan las expresiones matemáticas, se podría decir que:

Seguridad = percepción de las capacidades propias –
percepción de la capacidad necesaria

Si creemos que nuestra capacidad es superior a la necesaria, nos sentimos seguros. Si creemos que nuestra capacidad es inferior a la necesaria, dudamos.

¿Qué nos dice todo esto cuando lo que queremos es reducir las dudas? Bueno, que con las herramientas correctas se puede reequilibrar la ecuación de la seguridad de una forma que nos empuje a actuar. Ya hablamos de cómo incrementar la seguridad en el capítulo sobre el poder, y esos consejos pueden ayudarte mucho a superar las dudas. Pero incluso como gurú de la productividad autodeclarado sigo enfrentándome a diario a la procrastinación provocada por las dudas. En el trascurso de la escritura de este libro las dudas han sido el principal generador de bloqueos de la escritura: me pasé días (¡e incluso semanas!) con la sensación de que, sencillamente, no era capaz.

En momentos así no es fácil ganar seguridad. Es cierto que la confianza facilita algunas tareas, pero si lo que quieres es pellizcarte para dejar de procrastinar, quizá necesites algo más fácil.

Yo suelo emplear un método sencillo: lo que hago no es superar milagrosamente mi falta de seguridad, sino que la convierto en algo no problemático. Mi forma favorita de hacerlo es preguntarme: «¿Cuánta seguridad necesito para empezar con esto? ¿Puedo ponerme manos a la obra, aunque me falte mucha confianza?». En la mayoría de los casos la respuesta es «sí». Claro está, si alguien me pidiera que hiciera una operación de neurocirugía, tendría que estar muy seguro de mis habilidades para planteármelo siquiera. Pero, siendo realistas, las áreas en las que no me siento del todo seguro en el día a día (el gimnasio, mi empresa, escribir este libro...) tampoco precisan que mi seguridad sea altísima.

Tú empieza. Aún falta mucho para que la perfección sea un requisito.

Así que empieza, aunque sea con titubeos. No necesito sentirme como un culturista ni parecerme a Schwarzenegger para ir una hora al gimnasio. No hace falta que mi primera irrupción en el mundo empresarial sea una estrategia visionaria de un genio de los negocios. Y desde luego no hace falta que el primer borrador de mi libro sea una obra maestra.

Si estás intentando hacer algo nuevo, la idea de que solo podrás empezar cuando sientas seguridad es un bloqueador total por derecho propio. La solución: hacerlo, aunque creas que lo estás haciendo mal.

Tú empieza. Aún falta mucho para que la perfección sea un requisito.

SUPERA EL MIEDO

A medida que la intensidad de los focos aumentaba y se iluminaba el escenario del recinto, Adele se percató de que tenía las palmas de las manos empapadas. Estaba a punto de enfrentarse a un mar de miles de personas. No era la primera vez. Sin embargo, ese día le entró el pánico. El miedo escénico frente a un público tan numeroso amenazaba con devorarla.

Antes de convertirse en un ícono global, Adele era una artista muy talentosa a quien le estaba costando superar su pánico escénico. Fue durante uno de sus primeros conciertos, cuando la ansiedad amenazaba con mandar al diablo su carrera, cuando dio con una técnica para superar ese miedo que cambiaría su vida para siempre.

Adele se inspiró en Beyoncé que, en 2008, tituló su tercer disco de estudio con el nombre de su *alter ego,* Sasha Fierce. La cantante dijo que Sasha Fierce era una personalidad que ella canalizaba sobre el escenario y que la hacía sentirse más segura, poderosa y libre de inhibiciones. «Sasha Fierce es mi faceta más divertida, sensual, agresiva, sincera en sus afirmaciones y glamurosa, que aflora cuando trabajo y cuando me subo al escenario», dijo.[62]

Inspirándose en Beyoncé, Adele creó su propio *alter ego,* Sasha Carter,[63] una mezcla de Sasha Fierce y la legendaria cantante de country June Carter. Sasha Carter era como Adele aspiraba a ser sobre el escenario: valiente, atrevida y sin complejos, totalmente segura de sí misma. Al ponerse en la piel de Sasha Carter fue capaz de distanciarse psicológicamente de sus miedos y convertirse en una intérprete más segura y poderosa, algo que siempre había soñado.

El *alter ego* de Adele nos da una pista sobre la tercera forma de superar los efectos paralizantes del miedo. Una de las fuerzas que alimentan nuestra procrastinación con más frecuencia es el miedo a que nos vean. Ya sea a la hora de hacer una presentación, de compartir con desconocidos por internet un video que grabamos o de ir a una fiesta en la que seguramente no conocemos a nadie, el miedo de que alguien «descubra» quiénes somos en realidad puede hacer que no salgamos nunca de nuestra zona de confort.

Pero eso que nos da miedo que los demás descubran de nosotros, nuestros errores, nuestros pequeños tropiezos y nuestras peores cualidades, no suelen ser detalles en los que nos fijemos cuando conocemos a otra persona. Cuando nos miramos estas cosas parecen mucho más grandes e importantes de lo que son en realidad.

Y esto precisa un último método de superación del miedo. Hasta ahora en este capítulo hemos hablado sobre conocer nuestros miedos y reducir su capacidad para frenarnos. Sin embargo, para las tareas más abrumadoras puede que eso no baste. No podemos erradicar nuestros miedos. Pero sí tenemos que superarlos.

Esto implica encontrar una forma de pasar del miedo al valor, y todo empieza cambiando la forma en que te ve la persona más importante de tu vida: tú.

EXPERIMENTO 5:

Deja de señalar

En mi caso, todo empezó en una cena en casa de mi amigo Jake.

Era un sábado por la noche y la sala estaba llena de risas y animadas conversaciones. Jake llevaba semanas planificando aquella fiesta. Era importante. Todos los que nos sentábamos alrededor de aquella mesa sabíamos que él pedía comida a domicilio a diario. Y preparar un buffet lleno de platos deliciosos para sus amigos era un hecho sin precedentes.

«Esto da para hacer un chiste buenísimo», pensé. Así que mientras Jake repartía los platos estuve al acecho de un silencio en la conversación y, mientras él sacaba un plato tras otro lleno de comida que se veía muy bien, vi mi oportunidad: «Gracias por encargar toda esta comida para nosotros, Jake», dije.

Durante un instante se hizo el silencio. Un silencio muy largo. Nadie se rio. Después se empezó a oír el sonido de los cubiertos contra los platos. Me puse rojo como un jitomate y empecé a sentir un ligero sofoco. Mi chiste no había funcionado bien. No era gracioso y, lo que es peor, seguramente había ofendido a mi anfitrión, que se había pasado horas encerrado en la cocina.

Más avanzada la noche, aún paralizado por la vergüenza, tuve una minicrisis con mi amiga Katherine. ¿Me había humillado sin remedio? ¿Todos mis amigos iban a dejar de hablarme a partir de ese día y para siempre? ¿Nadie iba a volver a invitarme a cenar jamás? Ella me miró sorprendida. Ni siquiera se había enterado de que yo había hecho una broma. «Estaba muy ocupada comiendo —dijo—. Es sorprendente lo bien que cocina, ¿no crees?».

Mi crisis imaginaria me enseñó una potente lección: había sobreestimado el juicio de los demás sobre mis actos. A medida que fue avanzando la noche, miré a mi alrededor y entendí que el mundo no estaba fijándose constantemente en todo lo que yo hacía. Mis amigos estaban ocupadísimos con sus cosas, riéndose y conversando.

Había sido presa de un interesante fenómeno conocido como el «efecto bajo el foco».[64] Estamos muy sintonizados con lo que los demás piensan de nosotros. Esto tiene sentido porque, al ser criaturas sociales, nuestra amígdala siempre va en busca de amenazas a nuestro estatus. Pero esto significa que nos pasamos la vida pensando que siempre hay un foco iluminándonos y que quienes nos rodean siempre nos están mirando, analizando nuestro comportamiento y juzgando nuestra valía como seres humanos.

En una serie de artículos publicados a principios de la década del 2000, el profesor de Psicología Thomas Gilovich y sus coautores demostraron una y otra vez que los individuos tienen una tendencia muy marcada a sobreestimar en qué medida piensan en ellos o los juzgan los demás. «La gente se angustia al pensar que los demás se van a fijar en detalles mínimos de sus actos y su aspecto —escribe—, y parte de esta ansiedad no tiene ningún fundamento. Es probable que quienes nos ven se pierdan los pormenores de nuestra apariencia y actuación a pesar de la mucha importancia que damos a sus opiniones».

Lo cierto es que la mayoría de las personas están demasiado ocupadas consigo mismas y con sus cosas y no dedican mucho tiempo a pensar en nosotros, si es que lo hacen.

Lo que esto sugiere es que el efecto bajo el foco puede reducirse recordando que, bueno, pues que a nadie le importa lo que hagas. Y cuando el miedo te paralice y te prive de hacer algo, esto puede ser profundamente liberador.

- A nadie le importa que mis primeros videos de YouTube sean horribles y den cierta vergüenza ajena.
- A nadie le importa que mis entradas de blog no fueran muy buenas, porque no tengo mucha experiencia en la escritura.
- A nadie le importa si me planto en una clase de salsa sin tener ni idea y sin pareja.
- A nadie le importa que vaya a la fiesta con un cinturón que no hace juego con los zapatos.

La actitud de «a nadie le importa» puede ser transformadora. Es uno de los métodos más sencillos que he encontrado para reducir mi ansiedad relacionada con la procrastinación.

Aunque, claro, no es una solución mágica. Gestionar el miedo es un trabajo de toda una vida y no espero que después de leer este libro tu miedo a lo que piensen los demás de ti y de tu trabajo desaparezca por completo.

Sin embargo, existe un nivel de miedo saludable y luego está el miedo paralizante. Entender el efecto bajo el foco es una forma de empezar a superarlo aquí y ahora. A nadie le importa si es una tontería, solo a ti.

EXPERIMENTO 6: El efecto Batman

A veces recordar que a nadie le importa no basta para superar el miedo a la humillación pública. Cuando Adele bajó de aquel escenario seguramente estaba muerta de miedo porque, seamos sinceros, mucha gente sí vio lo que estaba pasando y le importó.

En esos casos podemos inspirarnos en Sasha Carter. El método de Adele de meterse en un *alter ego* puede ser una herramienta muy potente a la hora de superar miedos. Hasta tiene un nombre científico: el efecto Batman.

Los primeros en detectarlo fueron un equipo de investigadores liderados por la profesora Rachel White en la Universidad de Pensilvania.[65] White y su equipo sentían curiosidad por saber si adoptar un *alter ego* podía mejorar la forma en que los niños se enfrentaban a una tarea. Diseñaron un estudio con grupos de niños de cuatro a seis años. Se les asignaba una tarea que requiriera concentración y resistir a la tentación de ponerse a hacer una actividad más entretenida que tenían cerca.

Los dividieron en tres grupos. A uno no se le dieron instrucciones de ningún tipo. Al segundo le pidieron que reflexionara sobre sus sentimientos y pensamientos. En el caso del tercer grupo, les pidieron a los participantes que se imaginaran que eran un superhéroe u otro personaje al que admiraran, como Batman o Dora, la Exploradora. Se monitorizó a los niños mientras llevaban a cabo la tarea.

Los investigadores llegaron a una conclusión intrigante. Los niños a quienes les pidieron que se imaginaran como superhéroes u otros personajes exhibieron muchísimo más autocontrol, concentración y perseverancia que los de los otros dos grupos.

Estos hallazgos subrayaron el potencial del efecto Batman como herramienta para superar el miedo al fracaso y, a su vez, la procrastinación. Cuando encarnamos los rasgos de un *alter ego* valiente y seguro accedemos a una reserva de esas cualidades que generalmente no están a nuestra disposición.

Yo llevo años usando el efecto Batman para superar mi inseguridad. Me resulta especialmente útil cuando tengo que hablar en público. La inseguridad y las dudas me invaden a menudo y, aunque lleve años dando clases y haciendo presentaciones, a veces me da miedo hacerlo. En este contexto, mi *alter ego* es el joven Charles Xavier (también conocido como Profesor X) de la serie de películas *X-Men,* interpretado por James McAvoy.

Mi pie para convertirme en Charles Xavier es ponerme unos lentes de mentira. Por eso sigo llevando lentes en muchos actos públicos, a pesar de que me operé la vista con láser: me ayudan a meterme en el *alter ego* profesional e intelectual que necesito para superar el síndrome del impostor que suelo tener cuando voy a dar una conferencia.

No hay por qué ser un fanático de los X-Men para usar este método con los miedos propios. Piensa en algo que hayas estado evitando hacer por las dudas: empezar con una nueva afición, o poner en marcha una fuente de ingresos secundaria. Ahora identifica un *alter ego* que pudiera hacerlo sin problemas; uno que encarne las cualidades que quieras tener, como seguridad, valentía, determinación o incluso —si se me permite— disciplina.

A continuación, métete en el personaje. Busca un lugar tranquilo para estar a solas y dedica unos instantes a visualizarte transformándote en tu yo alternativo. Imagina adoptar su postura, su voz y su actitud. Cuanto más practiques, más fácil te resultará canalizar el efecto Batman cuando necesites superar el miedo a la procrastinación.

Y, por último, a mí me ayuda crear un mantra o una afirmación: una frase corta y empoderante que represente la actitud del *alter ego.* Repítete el mantra cuando necesites un extra de valor o motivación.

Soy una persona segura.

Soy una persona intrépida.

Soy imparable.

Puede que esto de los mantras suene cursi, pero son muy eficaces. Nos recuerda que nosotros (o nuestros *alter ego)* tenemos una fortaleza que apenas somos capaces de imaginar.

EN RESUMEN

- Nuestro segundo bloqueador emocional es aún peor: el miedo. Si alguna vez has dejado para más adelante la idea de presentarte a una oferta de trabajo que te abruma o pedir una cita a alguien, ya conoces a este monstruo. No obstante, la solución no es librarte del miedo, sino desarrollar el valor para enfrentarte a él.

- Este valor se obtiene de tres fuentes. La primera es entenderlo. Hazte las siguientes preguntas: «¿Por qué no he empezado esta tarea o proyecto? ¿De qué tengo miedo? ¿De dónde procede?».

- La segunda es reducir el miedo. A menudo los miedos se nos van de las manos. Para huir del catastrofismo, plantéate estas preguntas: ¿qué importancia va a tener esto dentro de diez minutos? ¿Qué importancia va a tener esto dentro de diez semanas? ¿Qué importancia va a tener esto dentro de diez años?

- La tercera es superar el miedo. Si temes lo que puedan pensar los demás, recuérdate que, en realidad, la mayoría de las personas no están pensando en ti. Somos una especie consciente de sí misma, pero poco criticona, en general.

CAPÍTULO 6

EMPIEZA

En 1684 Isaac Newton se embarcó en su proyecto más ambicioso hasta la fecha. Durante los dieciocho meses siguientes pasó noches enteras trabajando, comiendo y durmiendo poco para completar su obra maestra: *Philosophiae Naturalis Principia Mathematica,* que, cuando se publicó en julio de 1687, constituyó el primer intento científico de explicar cómo se mueven los objetos en el espacio. Su núcleo era una observación sencilla que la ley de inercia, la primera ley de Newton, resume de forma muy sucinta: «Un objeto en reposo se mantiene en reposo y un objeto en movimiento se mantiene en movimiento, a menos que actúe sobre ellos una fuerza externa desequilibrada».

En otras palabras, si un objeto no se mueve, seguirá sin moverse y si un objeto se mueve, seguirá haciéndolo, a menos que otra fuerza (como la gravedad o la resistencia del aire) lo evite.

A la muerte de Newton, cuatro décadas después, muchos de sus contemporáneos entendieron que el *Principia* era una obra maestra, el intento más importante de describir las propiedades físicas del universo natural. Lo que seguramente no vieron es que la primera ley de Newton también describe una de las curiosidades esenciales del comportamiento humano. Porque aquí está la cuestión: la ley de la inercia es aplicable del mismo modo a la física y a la productividad.

Hasta ahora nos hemos enfrentado a dos grandes obstáculos que nos hacen sentirnos mal y procrastinar más: la incertidumbre, que nos confunde y complica entender qué necesitamos para empezar, y el miedo, que nos causa tal ansiedad que nos impide arrancar. Sin embargo, nuestro tercer y último obstáculo es tal vez el más complicado de superar: la inercia.

Tal y como observó Newton, se necesita más energía para cambiar de estado que para permanecer en el mismo. Si no estás haciendo nada, lo fácil es seguir sin hacer nada. Y si estás haciendo cosas, lo fácil es seguir haciéndolas. Cuando sientes que ya lo has probado todo para motivarte pero sigues procrastinando, necesitas un último empujón para empezar.

La inercia aplana nuestro paisaje emocional; hace que nos sintamos indefensos y atascados y se alimenta de nuestra sensación de bienestar. Pero se puede superar. Me gusta imaginar el principio de inercia como un repecho en una carretera. Imagina que quieres bajar una colina en bicicleta. Llevas puesto el casco y la cadena de la bici está bien engrasada, pero te está costando arrancar. Solo hay un problema: tienes que pedalear un poquito cuesta arriba antes de llegar a la rampa larga de descenso. Vas a tener que invertir un pico de energía para superar esa cuesta y no va a ser la cosa más agradable del mundo.

Pero una vez que lo superes estarás pedaleando cuesta abajo, con el aire en la cara y una sensación insuperable de ir camino a casa.

REDUCE LA FRICCIÓN

¿Cómo podemos superar ese repecho? El primer método incluye mirar alrededor y detectar por qué nos está costando tanto empezar. Quizá descubras que unos pequeños cambios en tu entorno marcan la diferencia. Para entender esto puedes consultar el trabajo de Marlijn Huitink, una investigadora de Países Bajos que estudió la psicología de la compra de verduras.[66]

Huitink y su equipo recibieron el encargo de una cadena de supermercados y unas cuantas organizaciones públicas de buscar formas baratas de mejorar la salud de la población. Para hacerlo desarrollaron un método sencillo para explorar cómo afecta el entorno a las decisiones de compra. Algunos días de la semana (los días de intervención) los investigadores añadieron un forro verde a los carritos que cubría la mitad del fondo y delimitaba una zona para que los clientes pusieran las verduras. Además, llevaba un mensaje impreso que informaba sobre el comportamiento de las demás personas en el supermercado a la hora de comprar este producto. Uno de ellos decía: «Las tres verduras más populares en este supermercado son el pepino, el aguacate y el pimiento». Otro decía: «La mayoría de los clientes se llevan, al menos, siete verduras». Los demás días de la semana (los días de control), se quitaban los forros.

Los investigadores querían probar si estos mensajes sutiles y, lo que es aún más importante, baratos, situados en el entorno (como el forro verde del carrito) podían cambiar el comportamiento de los clientes. Y lo hacían. Los días que se ponían los forros verdes los clientes añadían, en promedio, un 50% más de verduras a los carros que los días que no estaban.

Podríamos pensar que estos cambios reducen la cantidad de energía necesaria para empezar una tarea. Eliminan la fricción que se interpone entre nosotros y el objetivo que perseguimos. Si nos recuerdan constantemente que tenemos que comprar verduras, nos hace falta mucha menos energía para recordarlo. Y si nos dicen qué verduras son más populares en nuestra comunidad, se necesita mucha menos energía para decidir cuáles tomar.

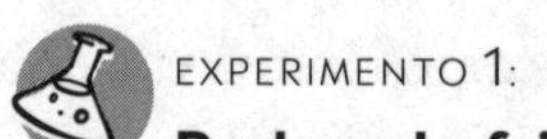

EXPERIMENTO 1:

Reduce la fricción ambiental

El primer tipo de fricción que nos frena es la del entorno físico que nos rodea. Incluso cuando sabemos que deberíamos estar haciendo algo, a menudo nos encontramos en sitios que nos complican innecesariamente iniciar la tarea.

En 2018, cuando trabajaba de médico a tiempo completo, quería tocar un poco la guitarra por las noches, pero me estaba costando incorporar ese hábito. De vez en cuando pensaba:

«Debería ensayar un poco con la guitarra», pero siempre acababa procrastinando. Me tiraba en el sillón a mirar redes sociales en el teléfono o a ver la televisión. Guardaba la guitarra detrás de la estantería de la esquina y quedaba tan escondida que casi nunca la veía. No di con la solución obvia hasta que leí el libro de James Clear *Hábitos atómicos:* poner la guitarra en el centro de la sala. De repente, tocarla se convirtió en algo sustancialmente más fácil.

Podemos considerar que este tipo de acciones, o lo que hicieron en el estudio holandés, son como aplicar ingeniería a nuestro entorno. El objetivo es reducir la fricción, para que empezar algo sea más sencillo.

En concreto, esto implica centrarse en lo que los científicos conductuales denominan «decisiones por defecto»; es decir, lo que elegimos cuando no estamos tomando una decisión de forma activa. En el caso de los clientes holandeses, el forro verde para los productos frescos convertía comprar verduras en la decisión por defecto: no había que pensar para hacerlo.

¿Y cómo se aplica esto en la práctica? Bueno, el truco es modificar el entorno para que lo que quieras hacer se convierta en la decisión por defecto, en la más obvia y, a la vez, complicar el acceso a las cosas que no quieres hacer. Veamos unos cuantos ejemplos:

- **Tocar la guitarra**. Poner el soporte de la guitarra en el centro de la sala, para que se convierta en la decisión por defecto. Ahora lo obvio es tomar el instrumento, sin pensar en ello, cada vez que te sobren diez minutos.
- **Problemas de concentración**. Tener el material de trabajo y estudio organizado y a la vista (por ejemplo, tener una libreta siempre al lado de la laptop) convierte

esa actividad en la decisión por defecto. Ahora lo obvio es ponerte a revisar el trabajo siempre que te sientes en tu escritorio.

- **Reducir el uso del teléfono**. Desactivar las notificaciones hace que tomar el teléfono deje de ser la decisión por defecto. Ahora esa ya no es la opción obvia.

Ajustar el entorno ayuda a inclinar tus acciones en la dirección correcta, la que quieres de verdad. No la mala, la que tomas sin pensar.

EXPERIMENTO 2: **Reduce la fricción emocional**

El entorno no es lo único que te dificulta empezar a hacer una tarea, claro está. Tu estado de ánimo también influye. Hasta ahora en el libro hemos hablado mucho sobre los grandes obstáculos emocionales, que a menudo nos estresan y nos impiden ponernos a hacer cosas: la ambigüedad al respecto de lo que estamos haciendo, la ansiedad por lo que comporta la tarea. Sin embargo, existe un obstáculo mucho más prosaico. De donde yo vengo, Gran Bretaña, es tan habitual que tiene hasta siglas: CBA *(can't be arsed)*, una expresión que puede traducirse como «no se me antoja». No se me antoja escribir ese artículo. No se me antoja ponerme ahora mismo a tocar la guitarra. Te juro de verdad que no se me antoja nada ponerme a trabajar en mi libro.

Que no quieras hacer algo es el obstáculo más habitual y, a menudo, más paralizante para empezar a hacerlo. Pero esto se puede evitar fácilmente empleando uno de los trucos de productividad más antiguos y astutos: la norma de los cinco minutos.

La norma de los cinco minutos es una técnica sencilla, pero potente, que nos anima a comprometernos a llevar a cabo una tarea durante solo cinco minutos. Su eficacia se sustenta en la idea de que a menudo empezar es la parte más difícil. Durante esos cinco minutos nos concentramos solo en lo que estamos evitando hacer y le dedicamos toda nuestra atención. Cuando finalizan los cinco minutos decidimos si queremos seguir o si nos tomamos un descanso.

En mi experiencia, la norma de los cinco minutos es extrañamente eficaz. Generalmente, imaginarse haciendo durante cinco minutos algo que se está procrastinando no es tan terrible como comprometerse a hacerlo del todo. Sobre todo si, en nuestra mente, ese compromiso suena a «es lo único que voy a hacer durante el resto de mi vida».

En mi caso, cuando pasan esos cinco minutos, el 80% de las veces sigo con la tarea. Una vez que empecé a llenar los formularios que estaba procrastinando, moviendo la cabeza al ritmo de una versión en cuarteto de cuerda del tema *Concerning Hobbits* de la banda sonora de *El Señor de los Anillos,* noto que, en realidad, me la estoy pasando bien, o, al menos, que no es tan malo como yo mismo había imaginado.

Sin embargo, es clave no obligarse a seguir trabajando; de lo contrario, la norma de los cinco minutos deja de ajustarse a su nombre. Así que el 20% de las veces restante me permito parar pasados los cinco minutos. Sí, eso puede implicar que deje mi declaración de impuestos para otro día. Pero, oye, al menos avancé cinco minutos de trabajo.

El hecho de permitirme parar significa que no me estoy mintiendo. Si me digo que solo voy a hacer algo durante cinco minutos y luego me siento obligado a seguir, la norma de los cinco minutos pierde su magia.

PASA A LA ACCIÓN

La agenda de clientes de Matt Mochary es como un quién es quién de Silicon Valley. Socios ejecutivos de la empresa de inversiones Y Combinator y CEO de gigantes de la industria como OpenAI acuden a él para que los aconseje sobre cómo alcanzar su potencial. El CEO de Reddit, Steve Huffman, atribuye a Mochary el mérito de haber incrementado el valor de su empresa en 1 000 millones de dólares.

Aunque hace ya unos años que yo también acudo a *coaches* empresariales, siempre me he preguntado cómo sería una sesión de asesoría (ridículamente cara, sospecho) con Mochary. ¿Cómo se pueden sumar 1 000 millones de dólares al valor de una empresa con unas cuantas sesiones? ¿Qué consejos milagrosos y transformadores ofrece en esas reuniones?

La respuesta, supongo, es algún gran secreto en forma de revelación. Así que cuando oí sus sinceras respuestas a la entrevista que le hizo mi *podcaster* favorito, Tim Ferriss,[67] me quedé helado. «Mucha gente me pregunta: "Matt, ¿qué es lo que te hace único?" —dice—. Y la verdad es que me cuesta responder, porque yo creo que lo que hago es muy simple [...]. La conversación no termina hasta que no tengas al menos una, dos o tres acciones que llevar a cabo».

«¿Y eso es todo?», pensé. ¿De verdad basta con que se te ocurran una, dos o tres acciones? Y entonces reflexioné sobre mi vida. Muy a menudo mi problema es que me cuesta sacar adelante las cosas porque no tengo una secuencia clara de pasos sencillos que seguir. De ahí la inercia. Y de ahí la procrastinación.

Mochary llama a su principio «sesgo de acción». Reconoce que el tiempo que pasa con sus clientes es precioso (tanto para él como para ellos) y que limitarse a discutir reflexiones profundas sin convertirlas en pasos ejecutables sería malgastarlo. Necesitamos pasos claros y concretos que se puedan ejecutar, en lugar de objetivos abstractos y lejanos. De lo contrario, podemos acabar no haciendo nada de nada.

El sesgo de acción es la segunda forma de superar la inercia. Ya hemos hablado sobre reducir el costo energético de arrancar, pero ahora hay que dar el primer paso. Y para saber cuál es podemos recurrir a la investigación del doctor Tim Pychyl.

EXPERIMENTO 3: **Define la siguiente acción**

Tim Pychyl conoce la procrastinación mejor que nadie.[68] Ha publicado más de veinticinco artículos sobre el tema a lo largo de dos décadas con su Grupo de Investigación sobre la Procrastinación en la Universidad de Carleton en Canadá, y podría decirse que es la fuente de conocimiento científico más influyente del mundo en cuanto a por qué posponemos las cosas. Y algo se le pegó. «Yo casi nunca procrastino —me dijo—. Soy el vivo ejemplo de que, cuando aprendes qué es la procrastinación, puedes reducirla si quieres».

«¿Y dónde está el truco?», le pregunté. «¿Qué es lo que les dices a las personas para ayudarlas a superar la procrastinación?».

Su respuesta fue sorprendente. Pychyl me dijo que cuando ve que está procrastinando lo que hace es preguntarse: «¿Cuál es la siguiente acción?». Por ejemplo, cuando sabe que está procrastinando su práctica de yoga, la siguiente acción es desenrollar el tapete de yoga y ponerse de pie encima. Y listo.

Este abordaje suena sospechosamente sencillo, pero funciona. El método de Pychyl es una forma de convertir el sesgo de acción, algo abstracto, en una acción concreta.

Vamos a ver cómo podría aplicarse en distintas situaciones:

- Si estás procrastinando estudiar para un examen, la siguiente acción es sacar el libro de texto y abrirlo en la página por la que vas a empezar.
- Si estás procrastinando ir al gimnasio, la siguiente acción es cambiarte y ponerte la ropa de deporte.
- Si estás procrastinando escribir un libro, la siguiente acción es encender la laptop y abrir Google Docs.

En cada uno de estos casos este método desvía nuestra mirada del intimidante objetivo a largo plazo (escribir un libro) y hace que nos centremos en uno mucho más asumible (escribir las siguientes palabras). Esto contribuye a calmar nuestro nerviosismo porque, como dice Pychyl, nos permite correr «un velo de autoengaño». Al final vas a tener que hacer el examen, subirte a la cinta de correr y escribir el libro. Pero eso no tiene por qué preocuparte ahora mismo.

EXPERIMENTO 4:

Monitoriza tu progreso

Brandon Sanderson, uno de los novelistas de fantasía que más ejemplares vende del mundo, no parece conocer el bloqueo del escritor. Ávido lector desde niño, ya en primaria empezó a escribir sus propias historias de fantasía. Y nunca paró. En 2003, Sanderson había escrito ya doce novelas (la mayoría mientras trabajaba como recepcionista nocturno en un hotel) antes de lograr su primer contrato de edición. Desde entonces ha publicado más de dieciséis novelas, diez relatos cortos y tres novelas gráficas.[69]

Así que me sorprendió un poco saber que Sanderson sí padece el bloqueo del escritor, y con bastante frecuencia, además. «Para mí el bloqueo del escritor surge cuando ya llevo unos cuantos capítulos escritos y la historia no fluye, o estoy en mitad del libro y hay un capítulo que no funciona», explica. En esos momentos la necesidad de dejar de escribir se vuelve irresistible.

¿Cómo se enfrenta a eso? Bueno, él sabe que lo peor que podría hacer es precisamente dejar de escribir y esperar hasta volver a sentir que la cosa funciona: esa es la receta para no retomar jamás ese hábito. En lugar de eso, monitoriza sus progresos. Con bloqueo o sin él, Sanderson contabiliza el número de palabras que escribe y no para hasta que llega a 2000 todos los días.[70] Y así ve cómo el número de palabras va subiendo de 2000, a 4000, a 6000, etcétera.

Una novela de fantasía de Brandon Sanderson puede llegar a tener 400 000 palabras en inglés. Y, aun así, al centrarse en ese progreso constante hacia su objetivo, Sanderson logra que el trayecto sea más fácil. El resultado: siempre publica sus novelas exactamente cuando dice que lo hará a su leal público, millones de fans en todo el mundo.

Esta monitorización del progreso puede tener un efecto muy profundo. En 2016, los investigadores juntaron 138 estudios con más de 20 000 participantes para llevar a cabo un metaanálisis sobre sus efectos.[71] Hallaron que monitorizar el progreso, ya sea marcándose objetivos intermedios (por ejemplo, llevando la cuenta de si completaste los entrenamientos que habías pensado) o apuntando los resultados (por ejemplo, cuánto tardas en correr 5 kilómetros), incrementa muchísimo la probabilidad de adherirse a ese objetivo.

¿Por qué? En primer lugar, porque monitorizar el progreso ayuda a identificar en qué áreas nos estamos quedando atrás o si es necesario llevar a cabo algún tipo de ajuste. Al monitorizar el progreso se pueden identificar patrones, hábitos u obstáculos que pueden estar entorpeciéndonos. En el trascurso de la escritura de este libro me he ido dando cuenta poco a poco de que tenía que ajustar mis fechas de entrega: en algunos capítulos me resultaba muy fácil cumplir con mi objetivo de palabras al día; en otros, no tanto. En segundo lugar, monitorizar el progreso puede ayudar a celebrar los éxitos, grandes y pequeños. Por ejemplo, siempre que completaba 8 000 palabras me concedía una recompensa: una visita a Dishoom, mi restaurante indio favorito de Londres.

Por encima de todo, monitorizar tu progreso te proporciona pruebas tangibles de que te estás acercando a tus objetivos. Veo mi conteo de palabras crecer una a una y sé que cada vez estoy más cerca de tener un manuscrito terminado. Esta sensación de progreso me ha ayudado a mantener la inercia y ha hecho que me comprometa más a seguir adelante. No hay mejor forma de promover la motivación.

Monitorizar tu progreso te proporciona pruebas tangibles de que te estás acercando a tus objetivos.

Y no hay que escribir un libro para aplicar este método. De hecho, todo en la vida es monitorizable.

Si tu objetivo es estar más saludable, puedes llevar un registro del ejercicio que haces. Apunta qué ejercicios concretos practicas, durante cuánto tiempo, y comentarios sobre cómo te has sentido durante el entrenamiento. Esto te ayudará a ver cómo mejoran tu fuerza y tu resistencia a lo largo del tiempo.

Si estás aprendiendo una nueva habilidad, puedes monitorizar tu progreso llevando un diario en el que apuntes qué has aprendido, qué dudas tienes y qué momentos claves o momentos de «iluminación» experimentaste en el proceso. Esto no solo incrementa tu motivación, sino que también te ayuda a entender mejor qué cosas te quedan por aprender.

Si estás repasando para un examen, puedes monitorizar tu progreso coloreando en una gráfica de barras cuántos módulos estudiaste, lo que te mostrará cuánto te falta para acabar la revisión. Esto te ayudará a recordar que, por abrumadora que sea la tarea que te queda por delante, estás avanzando en la dirección correcta.

DATE APOYO

Llegados a este punto del libro, puede que hayas notado que muchos de mis consejos sobre la inercia tienen que ver con empezar. Gran parte de las estrategias para vencer la procrastinación se aplican al principio, ya sea dando un primer paso o reduciendo la fricción. Sin embargo, te he dado muy pocos consejos sobre cómo vencer la procrastinación a largo plazo.

Y sé de qué estoy hablando. He pasado gran parte de mi vida arrancando muy bien los proyectos, convencido de que había superado el problema de la inercia, para luego quedarme estancado enseguida. Prueba A de la acusación: este libro. Durante los dos primeros meses de escritura produje 30 000 palabras. Durante los siguientes doce meses, solo 10 000.

Por eso la forma definitiva de superar la inercia no tiene que ver con empezar, sino con la procrastinación que aparece más tarde: esos momentos en que el progreso se convierte en una densa ciénaga de no hacer gran cosa. En estos casos necesitas otras formas de motivación, y la solución radica en aprender a apoyarte. Sé que esto suena un poco vago, pero en el contexto de superar la procrastinación tiene un significado muy concreto. Tu objetivo es dar con formas de animarte mientras avanzas en dirección a un objetivo y, por encima de todo, de poder rendir cuentas sobre el proceso. Vamos a empezar con una herramienta sencilla y, sin embargo, muy eficaz: tener a alguien a quien rendir cuentas.

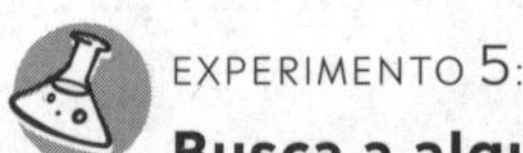

EXPERIMENTO 5:

Busca a alguien a quien rendir cuentas

El foro de Reddit r/GetMotivatedBuddies cuenta con más de 179 000 miembros, todos en busca de «personas a quienes rendir cuentas sobre progresos personales en hábitos de salud, ejercicio, estudio, trabajo y vida saludable». Su función es conectar a dos personas para que se animen mutuamente a ir al gimnasio, aprender a tocar la guitarra, repasar para exámenes, aprender a programar, irse a la cama a una hora determinada o acordarse de llamar a su madre.

Todas estas personas han entendido que la motivación humana tiene una característica intrigante: empezar a hacer algo por cuenta propia es más difícil que hacerlo en compañía. Cuando encontramos a una persona a quien rendir cuentas, es mucho más probable que superemos la inercia de no hacer nada.

Esto se debe, por un lado, al poder energizante de las personas (del que hemos hablado en el capítulo 3). Los demás promueven nuestra sensación de bienestar y nos dan ganas de empezar a hacer cosas. La vida es mejor cuando estamos rodeados de amigos.

Pero las personas a quienes rendimos cuentas tienen un segundo efecto, aún más potente: activan nuestro sentido de la obligación. Los humanos somos criaturas sociales y nos obsesiona no dejar plantados a los demás. Puede que te resulte fácil no ir al gimnasio un día cuando eso solo te afecta a ti, pero te va a costar mucho más si tu amiga está en la puerta de tu casa a primera hora de la mañana golpeando con el dedo la esfera de su reloj.

Tener a una persona a quien rendir cuentas es una forma de sistematizar este hecho social básico. Consiste en pactar con alguien que se rendirán cuentas mutuamente en momentos previamente pactados sobre actividades igualmente pactadas. Esto puede suponer que tu compañero del gimnasio llame a tu timbre a las seis de la mañana. O que te llame por teléfono a una hora concreta para asegurarse de que te has quedado en casa a estudiar. O que venga a tu casa a que le toques con la guitarra la canción que le prometiste que ibas a practicar sí o sí durante toda la semana. En todos estos casos se trata de aprovechar la idea de obligación social para superar la inercia de no hacer nada.

¿Cuál es la mejor forma de tener a una persona a quien rendir cuentas? Yo suelo dividir el proceso en tres partes. La primera: buscar a la persona. Lo ideal es compartir con ella cierta perspectiva, lo que significa que un buen punto de partida para la búsqueda son tus amistades. Sin embargo, no es raro que la mejor persona a quien rendir cuentas sea un desconocido con quien compartas el mismo objetivo. Cuando hacemos equipo con un individuo que también aspira a ir tres veces por semana al gimnasio o aprender a tocar la guitarra no solo tenemos a nuestro lado a alguien a quien rendir cuentas, sino que también entiende nuestras tribulaciones y aprecia nuestros éxitos. Y hasta puede que acabemos trabando una nueva amistad.

Una vez que tenemos a la persona hay que pactar cómo va a ser la rendición de cuentas. La línea que separa la rendición de cuentas que nos ayuda a mejorar de la que nos pone de muy mal humor es muy fina. Así que hay que pactar unos mínimos. ¿Qué consideramos que sería positivo en este caso? ¿De qué frecuencia estamos hablando? ¿Cuál es la mejor forma de ayudarse? Para mí, las mejores personas a quienes rendir cuentas tienen cinco características: son disciplinadas (cumplen con lo pactado), proponen retos (saben cómo ayudar a que lleguemos al siguiente nivel), son pacientes (no sacan conclusiones precipitadas ni nos obligan a tomar decisiones rápidas), saben apoyar (siempre tienen una palabra de ánimo para ti) y son constructivas (saben hacer comentarios sinceros y crítica constructiva sobre tu progreso).

Por último, hay que discutir los detalles concretos de la rendición de cuentas. ¿Qué va a hacer la otra persona para controlarte a ti y qué vas a hacer tú para controlarla a ella? ¿Qué acciones concretas van a llevar a cabo y cuándo? Para algunas personas rendir cuentas consiste en verse una o dos veces por semana y pasar asistencia. O mandarse mensajes de texto a diario o videos que demuestren que estás trabajando en tu proyecto. O quizá todo se reduce a tomar un café juntos una vez al mes para comentar cómo va todo, qué funciona y qué no. Lo que importa no es tanto el qué, sino la constancia y la puntualidad.

Si se hace bien, tener a alguien a quien rendir cuentas convierte la presión de grupo en algo muy potente. Ahora tienes a una persona con quien compartir tus triunfos y llorar tus desgracias. Así saldrás de la cama a la hora que dijiste que lo harías.

EXPERIMENTO 6: **Perdónate**

En 2010, el psicólogo de la Universidad de Carleton Michael Wohl se fijó en una característica nada sorprendente de sus alumnos de primer año: les encantaba procrastinar.[72]

A pesar de la (probablemente inmerecida) fama de Ottawa de ser una ciudad muy aburrida, los alumnos de Wohl encontraban millones de cosas que hacer en ella antes que estudiar: ir a bares, unirse a grupos con los que compartir aficiones o escribir en la nueva aplicación de moda, Twitter. De psicología no tenían ni idea, pero eran expertos en dejarla para otro día.

Aunque el problema no era la procrastinación en sí, pensó Wohl. El problema era que se flagelaban por ello. Wohl vio que la causa de que sus alumnos entraran en un círculo vicioso de improductividad era que se flagelaban al respecto. Cada vez que no estudiaban se pasaban días torturándose, diciéndose que eran malos estudiantes. Y la vergüenza que sentían reducía las probabilidades de que se pusieran a estudiar más adelante.

Wohl decidió probar una hipótesis: que flagelarse es un problema mucho más grave de lo que puede llegar a ser la procrastinación. Justo antes de un periodo de exámenes pidió a los alumnos que puntuaran su capacidad para perdonarse por no estudiar. ¿Podría ser que los estudiantes con mucha capacidad para perdonarse obtuvieran mejores resultados que quienes se castigaban sin fin por sus errores?

Los resultados fueron claros. Como Wohl había previsto, los estudiantes que afirmaron ser capaces de perdonarse por no estudiar eran mucho más productivos. Perdonarse permitía a los alumnos no enredarse en la culpa y la vergüenza posprocrastinación. Podían «dejar atrás su comportamiento maladaptativo y centrarse en los exámenes sin cargar con sus actos del pasado». El artículo de Wohl se tituló «Me perdono, ya puedo ponerme a estudiar».

Wohl había encontrado la última forma que tiene la inercia de hacernos descarrilar. Cuando no somos capaces de mantener el ritmo en la ejecución de una tarea, tendemos a flagelarnos. Esto no es bueno para nadie. Si acaso, empeora las cosas. La inercia alimenta nuestra tendencia a detestarnos, y esa tendencia a detestarnos reduce aún más las probabilidades de que nos pongamos a hacer algo que valga la pena.

¿Hay alguna manera de romper este círculo vicioso? Como hallaron Wohl y sus colegas, perdonarnos es la vía de escape. Pero ¿cómo? Quizá mi método favorito de hacerlo es lo que yo denomino «hallar la victoria». Esto implica celebrar algo, por pequeño que sea y aunque no tenga nada que ver con tu trabajo. Yo empleo el siguiente formato: «No he hecho X, pero sí he hecho Y». Por ejemplo:

- «Esta mañana a primera hora no fui al gimnasio como había previsto, pero dormí una hora más, así que estoy más descansado que de costumbre».
- «No acabé la última parte del informe, pero fue por una buena causa. Estuve conversando con un compañero en la salita del café de la oficina y fue muy agradable, porque nos pusimos al día».
- «No acabé de llenar los documentos para solicitar ese nuevo empleo al que me quiero presentar, pero pasé un rato con mi abuela, así que esa es la victoria del día».

Puedes obsesionarte con las pequeñas derrotas. O puedes celebrar las pequeñas victorias.

No siempre podemos mantener a raya la procrastinación, pero sí podemos perdonarnos. Puedes obsesionarte con las pequeñas derrotas. O puedes celebrar las pequeñas victorias. Al aceptar y perdonar nuestra inevitable tendencia a procrastinar, y al decidir celebrar las pequeñas victorias, podemos empezar a librarnos de sus garras.

EN RESUMEN

- Nuestro tercer bloqueador emocional es el más habitual: la inercia. Si no estás haciendo nada, lo fácil es seguir sin hacer nada. Y si estás haciendo cosas, lo fácil es seguir haciéndolas.

- Sin embargo, hay algunas formas sencillas de combatirla. Busca los puntos de fricción: ¿qué obstáculos te están impidiendo empezar? ¿Y cómo puedes librarte de ellos?

- El mejor antídoto a no hacer nada es hacer algo. Puedes pasar a la acción definiendo cuál va a ser tu siguiente paso y monitorizando después tu progreso. Esto te proporciona pruebas tangibles de que te estás acercando a tus objetivos.

- El último paso es el más generoso: crear sistemas que te ayuden a sostenerte a largo plazo. Sobre todo, sé indulgente contigo y celebra las pequeñas victorias.

PARTE 3

Mantenimiento

CAPÍTULO 7

CONSERVA

Cuando la gente habla de «desgaste», la imagen que nos viene a la cabeza es la de un empleado bancario que trabaja dieciocho horas en un rascacielos de Manhattan o el adulto de una familia monoparental que tiene que combinar siete empleos para alimentar cinco bocas hambrientas.

Así que me enojó y me confundió verme acostado bocabajo en el sillón el día de Nochebuena de 2020, diciéndole a mi madre que no podía trabajar ni un solo día más.

Hacía tres años que había salido de la Facultad de Medicina, dos desde aquel desastroso turno de Navidad y solo unos meses desde que había decidido tomarme un descanso de la medicina para centrarme en mi empresa. Unos pocos meses gloriosos que habían culminado en una videollamada con mi madre la noche antes de Navidad para lloriquear sobre mi vida.

Llegados a este punto, yo estaba dedicando toda mi atención a mi empresa. Era mi trabajo soñado: dirigir un equipo pequeño para crear algo que amaba. Todo debería estar yendo de maravilla. Pero no era así. Y no sabía por qué.

Aunque mi empresa estaba facturando mucho más dinero del que habría ganado como médico, yo me sentía un gilipollas. Los últimos meses se me había hecho cada día más cuesta arriba sentir la motivación suficiente para mantener las cosas en marcha. Lo que al principio me había parecido un placer ahora era un engorro. Y como yo me iba arrastrando, mi trabajo había empezado a resentirse.

¿Qué estaba sucediendo? A mí antes me encantaba mi trabajo. Y ahora me agotaba con solo pensar en él.

Así que ahí estaba yo, contándoselo a mi madre. Al principio me dijo exactamente lo que yo esperaba que me dijera:

—No deberías haber dejado la medicina, Ali. —No era la primera vez que me lo decía. Pero después me dijo algo completamente inesperado—: Suena a que lo que tienes es desgaste.

Lo primero que pensé fue: «Qué va». Obviamente, yo sabía lo que era el desgaste. Pero jamás de los jamases habría pensado que podía llegar a pasarme a mí. No estaba trabajando desesperadamente para conseguir llegar a final de mes. Lo que hacía ni siquiera era especialmente duro. ¿Cómo podía haberme desgastado?

Sin embargo, durante los siguientes minutos escuché a mi madre, que es psiquiatra, explicarme que el desgaste no solo es cosa de gente que trabaja demasiadas horas en empleos estresantes. Le puede pasar a cualquiera si lo que hace deja de tener sentido, o si la persona deja de poder disfrutarlo o gestionarlo. Cuando te desgastas todo te supera y sientes una gran desmotivación. Sientes que no puedes seguir el ritmo, por mucho que te esfuerces.

Cuando colgué decidí, por una vez, seguir su consejo e investigar más. Así descubrí que, el año anterior, la Organización Mundial de la Salud (OMS) había redefinido el desgaste.[73] Ya no era un síndrome de estrés relacionado con trabajar demasiado, sino algo mucho más cotidiano. Según la definición de la OMS, el desgaste es un «fenómeno ocupacional», que se caracteriza por la persistencia de «una sensación de falta de energía o agotamiento; un mayor distanciamiento mental del propio trabajo o sentimientos negativos o de cinismo relacionados con él; y una reducción de la eficiencia profesional». Y, lo que es vital en este caso, no está relacionado con la cantidad de horas que una persona trabaja, sino con cómo se siente.

Con el tiempo esto me conduciría a una epifanía relacionada con la productividad. Durante un par de años le había dado importancia a pasarlo bien mientras sacaba adelante el trabajo. Desde mis primeros meses ejerciendo la medicina conocía los efectos sobre el bienestar del juego, el poder y las personas. Y en los años que habían pasado desde que había lanzado mi negocio había mejorado mucho mi capacidad de desbloquearme, es decir, de superar la incertidumbre, el miedo y la inercia que me habían convertido en épocas anteriores en un procrastinador crónico.

Pero entonces me di cuenta de que faltaba algo. Porque cuanta más diversión incorporaba a mis días, más cosas asumía. Y cuantas más cosas asumía, más me acercaba al gran obstáculo final para alcanzar la auténtica productividad: el desgaste. Si no encontraba una manera de hacer que tanto mi trabajo como mi vida fueran sostenibles, toda mi investigación sobre los secretos de la productividad feel good no habría servido de nada. Había llegado a dominar los principios básicos de la productividad, pero aún no sabía cómo sostenerla a largo plazo.

Así que empecé a leer. Y cuanto más leía, más entendía que hay tres fuerzas habituales que nos hacen sentir mal y que, a su vez, nos conducen al desgaste. Son fáciles de confundir entre sí, aunque son esencialmente distintas.

En primer lugar, hay desgastes que surgen como consecuencia de hacerse cargo de demasiado trabajo. Tu estado de ánimo se resiente porque tus días están demasiado llenos. Yo lo llamo **desgaste por sobreesfuerzo.**

Después está el desgaste fruto de entender mal el descanso. Tu estado de ánimo se resiente porque no te concedes los periodos de descanso real que necesitas; no pequeñas pausas a lo largo del día, sino periodos de descanso largos para recargar las pilas de mente, cuerpo y espíritu. Yo lo llamo **desgaste por agotamiento.**

Y, por último, puedes desgastarte por hacer cosas que no tocan. Tu estado de ánimo se resiente porque dedicas semanas, años o décadas a esforzarte en algo que no te hace feliz, que no tiene sentido para ti o que te agota. Has estado usando mal la energía. Yo lo llamo **desgaste por desalineación.**

Durante los días siguientes a la videollamada con mi madre empecé a ser consciente de que yo tenía un poco de los tres. Estaba abarcando demasiado, no estaba descansando adecuadamente y muchas de las cosas que estaba haciendo para mi negocio habían dejado de tener sentido para mí. En todos los casos mi estado de ánimo se estaba resintiendo, y mi productividad también.

Sin embargo, unos días después entendí algo menos descorazonador: que todos esos problemas tenían solución.

DESGASTE POR SOBREESFUERZO Y CÓMO EVITARLO

Yo empecé centrándome en la sensación de sobreesfuerzo. Entendí que llevaba ya algún tiempo exigiéndome de más. Al principio no sabía muy bien qué hacer: al fin y al cabo, no podía dejar mi negocio. Pero empecé a intuir la solución.

Poco después de la crisis con mi madre, un día llegué, no sé cómo, al video de una entrevista entre Tim Ferriss y el famoso jugador de básquetbol LeBron James. Nunca me ha gustado mucho el básquetbol, pero de repente empecé a ver un video tras otro de los Lakers en YouTube. No podía parar. A medida que recopilaba datos, se empezó a formar una idea fascinante en mi cabeza: es casi como si hubiera dos versiones distintas de LeBron James.

En primer lugar, está el LeBron *sprinter*. El hombre que puede hacerse con la posesión de la pelota en un extremo de la cancha y, en un abrir y cerrar de ojos, plantarse bajo la canasta del rival. Un hombre que puede llegar a correr a 27 kilómetros/hora. Que es uno de los corredores más rápidos de la historia de la NBA.

Y luego está el LeBron que camina. El hombre que arrastra los pies con desgana por la cancha cuando no tiene el balón en la mano. Y el que no ve la necesidad de hacerlo cuando por fin lo captura. ¿Para qué, cuando suele encestar tiros desde más de 10 metros?

Muchos comentaristas opinan que este contraste explica la gran longevidad de LeBron como jugador: lleva dominando la NBA desde mediados de la década de los 2000. En un deporte en el que los atletas, en su mejor momento, juegan cincuenta partidos en promedio en cada temporada durante un máximo de cuatro temporadas y media, aproximadamente, LeBron lleva diecinueve años jugando más de setenta partidos por temporada.

¿Cómo ha podido mantener el mismo puesto durante toda su carrera de varias décadas? Al parecer, hay que buscar la respuesta en sus paseos.

Los analistas deportivos han analizado montones de datos de LeBron y otros jugadores de la NBA tanto dentro como fuera de la cancha y se han encontrado con lo mismo. Aunque LeBron puede esprintar a la misma velocidad a la que un coche atraviesa una zona residencial, es uno de los jugadores de la NBA con una velocidad promedio más lenta. En la temporada 2018 su velocidad promedio durante los partidos fue de 6 kilómetros/hora (que equivale más o menos a caminar), y quedó entre los diez más lentos de la lista de jugadores que habían disputado al menos veinte minutos por partido. Durante la temporada regular pasó el 74.4% del tiempo sobre la cancha caminando. No hay casi nadie en la liga que iguale ese tiempo.

LeBron James me dio una primera pista inesperada sobre cómo superar la sensación de fatiga. Entendí que el desgaste por sobreesfuerzo surge de las emociones negativas que genera hacer demasiadas cosas demasiado rápido. Aceptamos más trabajo del que podemos llevar a cabo y entonces no podemos tomarnos los descansos que necesitamos durante el día. Estamos esprintando constantemente.

Haz menos para poder hacer más.

La solución: sigue el ejemplo de LeBron. Guarda fuerzas. Haz menos para poder hacer más.

HAZ MENOS

En 1997 había una sola cosa que todo el mundo quería preguntar a Steve Jobs: ¿qué había pasado con OpenDoc? Durante los años anteriores los ingenieros de Apple se habían esforzado mucho en crear una plataforma de *software* que pensaban que revolucionaría la forma en que los usuarios crearían, compartirían y guardarían sus archivos. Entonces, cuando Jobs regresó a Apple como CEO, canceló inmediatamente ese proyecto.

Por aquel entonces muchos pensaron que Jobs había metido la pata hasta el fondo. Pero él se justificó en términos muy claros: «La gente se cree que centrarse significa decir que sí a la cosa en la que te estás centrando —dijo—.[74] Pero no se trata en absoluto de eso. Significa decir que no a las otras cien buenas ideas que surgen [...]. Innovar es decir que no a mil cosas».

El mensaje de Jobs era claro: decir que no era tan importante como decir que sí. «De hecho, estoy tan orgulloso de las cosas que no hemos hecho como de las que sí», dijo.

Y estaba en lo cierto. Durante la década siguiente Apple fue de acierto en acierto, y en el momento de la muerte de Jobs, en 2011, era la empresa más valiosa del mundo de entre las que cotizan en bolsa.

Esta lección es igual de importante para todos los demás. ¿Te suena algo de esto?

- Un amigo te pregunta si se te antoja ir a cenar con él la semana siguiente. Tú tienes una fecha de entrega importante ese mismo día, pero tienes claro que a esa hora ya habrás terminado. El día en cuestión llega y tú no estás ni de lejos donde creías que estarías a esas alturas. No vas a poder ir.
- Un compañero intenta agendar una reunión aburrida a varios meses vista. Tienes claro que ahora mismo no podrías ir, pero para entonces sí tendrás tiempo, ¿no? Hasta que, un día, de repente, la reunión es mañana y hace que se vayan por la borda el resto de tus obligaciones de ese día.
- Un amigo te pregunta si quieres jugar ahora mismo a tu videojuego favorito. Estás trabajando en una tarea muy grande que sabes que tardarás semanas en completar,, pero la fecha de entrega es dentro de unos meses. Naturalmente, acabas jugando seis horas al *World of Warcraft*. Ocho semanas después, no llegas a la fecha de entrega.

En todos estos casos el problema es el mismo: exceso de compromisos. Es la primera forma que tenemos de llevarnos por el camino del sobreesfuerzo: decimos que sí a cosas en el presente que, a largo plazo, nos van a desgastar.

Y no es difícil ver por qué: decir que sí a demasiadas cosas es muy fácil. Pero eso no significa que no sea evitable.

EXPERIMENTO 1:

La carpeta de inversión de energía

El primer paso para resistirse al exceso de compromisos es tener una idea clara de a qué estás dedicando energía. Antes de poder empezar a decir que no tienes que saber a qué quieres decir que sí.

La idea de la carpeta de inversión de energía es sencilla. Tienes que hacer dos listas. En la lista A enumera todos tus sueños, esperanzas y ambiciones. Son cosas que te gustaría hacer en algún momento, aunque seguramente no ahora mismo. La lista B es una lista de tus inversiones activas. Son los proyectos en los que estás invirtiendo energía ahora mismo de forma activa (o en los que quieres invertir). Y con ahora mismo me refiero a esta semana.

Esta es mi carpeta de inversión de energía actual:

Sueños, esperanzas y ambiciones	**Inversiones en activo**
Aprender chino mandarín	Desarrollar tejido muscular
Aprender a andar en moto	Aprender a cocinar
Empezar a practicar tiro con arco	Jugar al *squash* más a menudo
Hacer un viaje por carretera de costa a costa de Estados Unidos en camioneta	Organizar unas vacaciones en Portugal
Organizar un retiro en un *camping* de lujo	

Sueños, esperanzas y ambiciones	**Inversiones en activo**
Ir a hacer *wakeboarding*	
Probar el acroyoga	
Aprender a hacer surf	
Ir a bucear a Bali	
Vivir como un nómada digital	
Tener abdominales de cuadritos	

La lista de sueños puede ser todo lo larga que quieras; tu imaginación es el límite. La lista de inversiones en activo es una selección de los proyectos personales en los que estás trabajando ahora mismo. Me gusta la terminología de la inversión, porque se invierte energía en el proyecto y el retorno (con suerte) es el valor que aportará.

La lista de inversiones en activo debería estar limitada por el tiempo y la energía de que dispones para invertir, y esta varía en función de cada persona. A mí me gusta limitar la lista a cinco cosas, pero si tienes hijos pequeños o un trabajo frenético, puede que te baste con tres. O dos, o una. En cualquier caso, lo inteligente es que las inversiones en activo nunca lleguen a diez.

Si quieres pasar uno de tus sueños a la lista de inversiones en activo, antes debes asegurarte de que tienes el tiempo y la energía necesarios para invertir en él. Cuando tienes mucha capacidad de decisión sobre qué quieres hacer con tu tiempo resulta mucho más difícil comprometerse con una actividad que tienes asignada a un momento concreto. Nuestro cerebro siempre está pensando: «Ahora mismo estoy con X, pero podría estar haciendo Y o incluso Z». Esto es arriesgado; si estás haciendo remodelaciones en casa mientras estás llevando a cabo un proyecto muy importante en el trabajo al tiempo que estudias japonés e intentas echar a andar tu blog, y además entrenas al equipo de futbol de tus hijos, todo va a ser mucho más estresante.

La carpeta de inversión de energía es básica para resistirse a las seductoras garras del exceso de compromisos. Tendemos a pensar que somos capaces de todo, y eso es un mito. La productividad sostenible implica reconocer que nuestro tiempo es limitado. Nos pasa a todos.

EXPERIMENTO 2: El poder del no

Un problema habitual es que, aunque sabemos lo importante que es decir que no, la verdad es que nos cuesta. ¿Cómo podemos obligarnos a rechazar las ofertas para las que, siendo realistas, no tenemos tiempo?

Mi idea favorita es de un compositor y músico, Derek Sivers, y él la llama «pues claro que sí, o no». Su consejo es el siguiente: cuando estés valorando si sumarte a un nuevo proyecto o aceptar un nuevo compromiso, solo tienes dos opciones: «Pues claro que sí» o «No».[75] Sin medias tintas.

Con este filtro empezarás a ver que deberías decir que no al 95% de tus compromisos, porque hay pocas cosas que te hagan responder: «¡Pues claro que sí!». En general, suele ser algo más del estilo: «Esto podría llegar a ser remotamente útil o semiinteresante, así que sí, ¿por qué no?». Son justificaciones de tu cerebro que tienes que desactivar. Piensa en la cantidad de cosas que ya estás haciendo. Si no es un «pues claro que sí», no vale la pena.

Si no es un «pues claro que sí», no vale la pena.

Hay un segundo método que es aún más sencillo y que implica recontextualizar un poco. Hay que pensar en lo que los economistas denominan costo de oportunidad. El costo de oportunidad refleja el hecho de que cada «sí» que decimos es un «no» a otra cosa que podríamos estar haciendo con ese tiempo y esa energía.

Imagina que un compañero de trabajo te propone sumarte a unos cuantos proyectos más. Si tu objetivo es que te asciendan o te suban el sueldo y ayudar en esos proyectos es una forma de conseguirlo, entonces lo más probable es que digas que sí. Pero eso no tiene en cuenta otras cosas que puedas estar haciendo. Recuerda a qué estás diciendo que no. ¿A jugar en el parque con tus hijos? ¿A ponerte al día con esa amistad a la que hace siglos que no ves? ¿A dormir bien por la noche?

Por último, hay un método creado por Juliet Funt, una de las mayores expertas mundiales en el poder del no.[76] Asesora de CEO y líderes de las quinientas empresas más ricas de Estados Unidos, Funt es autora de *A Minute to Think,* un libro sobre que concederte un momento para pensar podría ser el secreto de la productividad sostenible. Cuando la entrevisté para este libro le pregunté cuál era la cosa más práctica y ejecutable que había extraído de su investigación. Ella me habló de una idea muy potente: la «trampa de las seis semanas». La trampa consiste en que, cuando miras tu agenda para dentro de seis semanas, ves todo ese espacio en blanco y piensas: «Pues claro que puedo decir que sí». A medida que pasan las semanas, ese espacio que estaba en blanco empieza a llenarse cada vez más. Para cuando llega el día en cuestión ves que no tendrías que haber aceptado ese compromiso, pero ahora ya está hecho y no quieres decepcionar a nadie echándote atrás.

Su solución es plantearte una pregunta sencilla. Cada vez que alguien te pida algo para dentro de unas semanas, piensa: «¿Me haría ilusión esto si fuera mañana? ¿O solo estoy diciendo que sí porque es más fácil convertirlo en un problema para mi yo del futuro?».

Es tentador pensar: «Dentro de seis semanas voy a tener la agenda completamente despejada, así que de seguro tendré tiempo y energía para hacer esto». Pero no es cierto. Dentro de seis semanas tu vida va a estar igual de llena que ahora. Si no dirías que sí a una cosa prevista para mañana, no deberías decir que sí a algo que va a pasar dentro de un mes o más.

RESÍSTETE A LAS DISTRACCIONES

Nuestra nueva estrategia para conservar la energía se basa en dos verdades. La primera es obvia: a los humanos se nos da mal compaginar más de una tarea. La segunda no lo es tanto: no se nos da mal por lo que estás pensando.

Yo aprendí esto gracias a un estudio llevado a cabo por las ingenieras informáticas Rachel Adler y Raquel Benbunan-Fich en 2012.[77] Estas dos investigadoras desarrollaron un experimento en el cual las personas tenían que hacer seis tareas, pasando de una a otra: un sudoku, ordenar letras para formar una palabra, decir qué dibujo sobraba en una serie, etcétera. A continuación, juntaron a un grupo de personas y las dividieron en dos grupos. En el grupo que no compaginaba tareas, los participantes resolvían los problemas de uno en uno. Esto significa que debían acabar el sudoku antes de pasar a reordenar letras. En el grupo que las compaginaba, cada tarea estaba en una pestaña diferente de un navegador y les dijeron a los participantes que fueran saltando de una a otra.

El resultado fue sorprendente. Por supuesto, las personas que fueron sometidas a mucha distracción, las que iban saltando de tarea en tarea, lo hicieron fatal. Sin embargo, los voluntarios que lo hicieron mejor no fueron los que menos distracciones sufrieron, es decir, quienes hicieron las tareas de una en una. Cuando los investigadores trazaron una gráfica con la «productividad» en el eje vertical y el número de saltos entre pestañas en el eje horizontal, dieron con un patrón en forma de U que bajaba y subía. Había un nivel sano de distracción que estaba en el centro: los que mejor puntuaron fueron quienes cambiaban de tarea de vez en cuando, pero sin pasarse.

¿Por qué tienen ese efecto las distracciones? Por un lado, saltar de una cosa a otra demasiado a menudo provoca una erosión de nuestras capacidades que los científicos denominan «costo de cambio»; es decir, los recursos temporales y cognitivos que consumimos en la transición entre tareas. Piensa en el esfuerzo mental que requiere dejar de hacer una tarea, reorientar tu atención hacia otra y ajustarte a sus demandas. Este era el problema que afectaba a los voluntarios en el lado derecho de la gráfica. Por otro lado, cuando dedicamos demasiado tiempo a concentrarnos intensamente en una tarea también es probable que agotemos nuestros recursos cognitivos, por lo que la concentración se resiente. Este era el problema que afectaba a los voluntarios en el lado izquierdo de la gráfica.

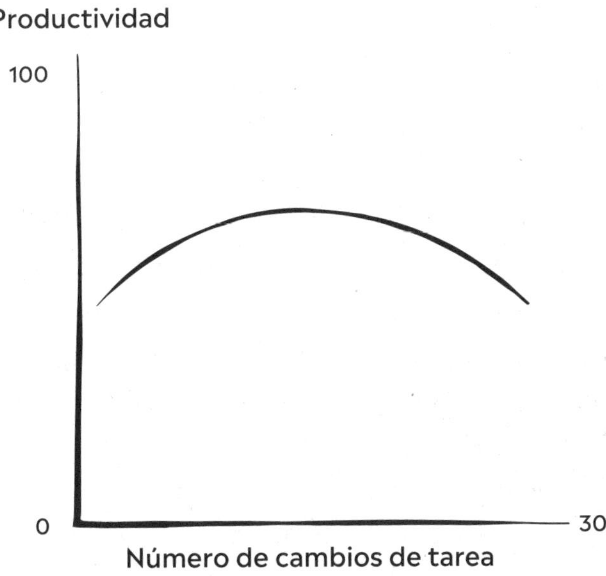

De modo que el objetivo es pasar la mayor cantidad posible de tiempo concentrados en una tarea, pero sin regañarnos si perdemos esta concentración de vez en cuando. Ahora bien, ¿cómo se hace eso?

Mi primera respuesta nos lleva de nuevo a las leyes de la física. En el capítulo 6 hablamos de la fricción que nos impide empezar una tarea: cuando pones la guitarra en una esquina escondida de la habitación es mucho menos probable que la agarres que si está adelante del televisor.

Sin embargo, cuando hablamos de evitar las distracciones se puede invertir esta lógica y crear obstáculos que nos separen de las tareas con las que no queremos distraer nuestra atención. Podemos llamarlo añadir fricción.

Veamos el ejemplo del periodista deportivo David Lengel. Pasados los cuarenta, con dos hijos pequeños y un empleo muy exigente, Lengel cayó en la cuenta de algo muy triste: solo tenía un par de horas todas las noches para dedicar a su esposa y sus hijos, y pasaba la mayor parte de ellas mirando el teléfono.[78] «¿Así es la vida? —se preguntó una noche—. ¿Esto es lo que voy a hacer durante el resto de mis días?».

Su solución fue comprarse un Nokia. No uno moderno con pantalla táctil y decenas de aplicaciones, sino uno antiguo, un Nokia 3310, el conocido como indestructible, el del juego en 2D de la serpiente y los píxeles como garbanzos.

Los resultados fueron espectaculares. Al principio se sintió como desnudo: cuando tomaba el transporte público para ir al trabajo todo el mundo iba mirando Twitter, mientras que él estaba ahí sin hacer nada. No obstante, con el paso del tiempo la sensación desapareció. «Y entonces sucedió la magia. Empecé a ver programas enteros de televisión sin despistarme, a leer libros sin tener un ojo en el teléfono y a disfrutar de más experiencias con mi esposa», explicó Lengel en un artículo sobre su experiencia publicado en *The Guardian*. «Y encima podía regañarla cuando se ponía a mirar Instagram». Esto tuvo una influencia transformadora en su concentración y le ayudó a ser más feliz.

El método de Lengel consistía en añadir fricción a su uso de la tecnología. Pero no hace falta cambiar tu teléfono por un ladrillo para conseguirlo. Empieza con lo obvio: desinstala del teléfono las redes sociales que te causan adicción. Si quieres acceder a ellas, tendrás que hacerlo a través de sus versiones web. Esta pausa momentánea hará que tengas que pensar dos veces si de verdad quieres entrar en Twitter en lugar de hacerlo sin pensar. Si eso no funciona, cierra sesión. Así la próxima vez que quieras entrar en la red tendrás que volver a escribir la contraseña, lo que te llevará treinta segundos, y muchas veces eso bastará para que no entres.

A continuación, pasa a métodos antitecnológicos más duros. A mí me funcionan muy bien las herramientas que hacen que usar la tecnología sea un proceso irritantemente lento. Gracias a la ubicuidad de las conexiones rápidas a internet, la velocidad a la que podemos acceder a estas distracciones que nos roban la energía se ha incrementado muchísimo. Una forma de contrarrestar esto es instalar herramientas que incrementan artificialmente los tiempos de carga de determinadas aplicaciones, para que todo sea como en los noventa, cuando íbamos con módems. Siempre que abro Twitter o Instagram la aplicación que tengo instalada me presenta una pantalla que dice: «Respira profundamente», y tres segundos después me da la opción de abrir Twitter o Instagram. Generalmente eso me basta para pensar: «¿De verdad quiero hacer esto ahora mismo?». A veces la respuesta es un sí rotundo. Sin embargo, la mayoría de las veces es la siguiente: «La verdad es que no; solo abrí la aplicación por costumbre, no porque quisiera usarla». Y entonces la cierro.

EXPERIMENTO 4: Corrige el rumbo

Pero, como ya vimos, las distracciones no siempre son una catástrofe. De hecho, las personas más productivas suelen ser las que se distraen un poco, pero no permiten que eso dé al traste con su productividad. Sin embargo, para el resto eso no es tan fácil.

A mí me gusta usar una metáfora aeronáutica al respecto. Imagina que vas en un avión de Londres a Nueva York y a medio camino suena un aviso que dice: «A causa de una fuerte turbulencia tuvimos que alterar el rumbo unos grados». No pasa nada, piensas. Pero entonces el piloto dice: «Y, debido a esto, hemos decidido cambiar de destino y dirigirnos a Buenos Aires».

La mayoría de las veces, en nuestra vida, si las cosas se tuercen un poco no permitimos que eso nos haga cambiar de rumbo. Ese correo electrónico tan molesto de tu compañero de trabajo hace que el proyecto se retrase un día, pero no que se cancele. Si nos lesionamos al salir a correr, puede que tengamos que dejar de hacer ejercicio una semana, pero no para siempre. Una ventisca puede hacer que aterrices cinco minutos después de lo previsto, pero no que te desvíes a Buenos Aires.

Y, sin embargo, cuando hablamos de patrones de trabajo cotidianos, muchos caemos presa de una lógica perversa, que el bloguero Nate Soares denomina «fracaso por rendición»:

- «Si ya llevo cinco minutos mirando redes sociales, puedo seguir tres horas más».

- «Como esta mañana no fui al gimnasio, puedo dar el día por perdido y ponerme a ver la tele en lugar de hacer algo de provecho».
- «Me salté un día de estudio en mi aplicación de aprendizaje de idiomas, así que no vale la pena seguir aprendiendo ese idioma».

El fracaso por rendición es habitual y nos hace consumir grandes cantidades de energía. La clave es recuperar el rumbo y la solución, una vez más, consiste en recontextualizar. Como ya vimos, no es posible erradicar por completo las distracciones. Así que lo que hay que hacer es darse permiso para distraerse. Hay que pensar en ellas como un breve desvío, no una señal de que ha llegado el momento de abandonar por completo tus planes. Si corregimos el rumbo, seguiremos llegando a nuestro destino.

Date permiso para distraerte.

Para hacerlo, es útil tomar prestado un concepto del mundo de la meditación. Los maestros reconocen que meditar es difícil y que la mente tiende a divagar. Así que durante el último minuto de muchas meditaciones guiadas y clases de meditación dicen algo del tipo: «Si no has logrado sumergirte a fondo en la práctica, no pasa nada. No te preocupes. Puedes volver a empezar». Un minuto de concentración es mejor que ninguno.

Yo suelo recitar el mantra «Vuelve a empezar» cuando veo que me distraje. Es un recordatorio muy potente. No fracases por rendición. Independientemente de lo que hayas hecho, o de cómo creas que lo has hecho, siempre puedes volver a lo que te importa.

TOMA MÁS DESCANSOS

En 2008, los psicólogos James Tyler y Kathleen Burns invitaron a sesenta alumnos de licenciatura a su laboratorio.[79] Uno a uno, les pidieron que dieran la espalda al investigador y empezaran una tarea agotadora: que se quedaran de pie sobre una pierna y empezaran a contar hacia atrás desde 2000 de siete en siete (2000, 1993, 1986, 1979) durante seis minutos.

Quizá los alumnos pensaron que lo que se estaba poniendo a prueba era su capacidad matemática, pero, en realidad, a Tyler y Burns les interesaba más la segunda parte del experimento. Después de agotarlos, separaron aleatoriamente a los alumnos en tres grupos. Al primero le concedieron un descanso de un minuto antes de seguir con otra tarea; al segundo le dieron un descanso de tres minutos. El tercero fue el más afortunado y tuvo un descanso de diez minutos antes de seguir.

Después pidieron a los alumnos que regresaran al laboratorio principal y les volvieron a pedir que se pusieran de espaldas al examinador. Pero esta vez la tarea era otra. Lo que tenían que hacer era agarrar un asidero con su mano no dominante y apretar todo el tiempo que pudieran. Mientras tanto, el examinador contabilizaba en secreto el tiempo que aguantaban.

Podrías pensar que agarrar algo es puramente una cuestión de la fuerza de la mano. Sin embargo, los investigadores descubrieron otra cosa. De hecho, el factor determinante en la duración del agarre fueron los descansos. Apenas hubo diferencia entre los dos primeros grupos: el que había descansado un minuto apretó el asidero durante 34 segundos en promedio, y el que había descansado tres minutos, durante 43 segundos. El grupo que había descansado diez minutos fue otra historia. En promedio apretaron el asidero durante 72 segundos. La conclusión era sencilla: añadir un descanso de diez minutos entre dos tareas que requieren autocontrol ayuda, al parecer, a combatir el sobreesfuerzo.

El estudio de Tyler y Burns nos da una pista sobre la forma definitiva de conservar la energía. Hasta ahora hemos hablado de la importancia de decir que no y de eliminar las distracciones. Pero falta el ingrediente final. Porque lo cierto es que necesitamos tener descansos todos los días, y estos deben ser más largos de lo que pensamos.

De hecho, las personas que suelen hacer más cosas son las que convirtieron en arte el no hacer nada durante largos periodos. En un estudio, la empresa de *software* Draugiem Group investigó cuánto tiempo dedicaban las personas a realizar distintas tareas y cómo se relacionaba eso con su productividad. Los trabajadores más productivos no eran los que se encadenaban a sus mesas. Tampoco los que se tomaban un descanso de cinco minutos cada hora, algo que suena muy saludable. Los trabajadores más productivos se permitían descansos casi increíbles, con una relación de 52 minutos de trabajo por cada 17 de descanso.

Así que el último paso para conservar tu energía es casi más sencillo que los dos primeros: busca momentos para no hacer nada durante tu jornada laboral. Y disfrútalos.

EXPERIMENTO 5:

Planifica tus descansos

La primera manera de disfrutar del poder redentor de los descansos es increíblemente sencilla: planifica momentos en tu calendario para no hacer nada. Y pon más de los que crees.

La mayoría del trabajo intelectual que llevamos a cabo hoy en día requiere algo de lo que los psicólogos denominan «acciones de autorregulación».[80] Es la capacidad de controlar los comportamientos, los pensamientos y los sentimientos propios. Para escribir este párrafo ahora mismo tengo que autorregularme para resistir la tentación de ponerme a hacer algo más fácil y centrar mi atención en las palabras de esta página.

Los psicólogos creen que nuestra capacidad de autorregulación es un recurso limitado que se agota con facilidad. Cuanto más tiempo paso sentado en la silla escribiendo este libro, más me cuesta seguir haciéndolo: ya consumí ese recurso. Para conservar nuestros niveles de energía durante una sesión de trabajo tenemos que buscar formas de recargarlos.

Cuando trabajaba en urgencias recuerdo que me sorprendió la insistencia en este tema. Nunca olvidaré mi primera guardia allí. Llevaba ya cinco horas trabajando y en la sala de espera se agolpaban más de cien pacientes, algunos de ellos de pie porque no había sillas libres. La zona de críticos estaba desbordada y estábamos teniendo que tratar a algunas personas en el pasillo porque no había salas de examen libres.

Yo estaba totalmente rebasado por la situación. Mi turno había empezado a las ocho de la mañana y ya era la una del mediodía. Me sentía culpable por trabajar tan despacio en comparación con los demás, así que decidí no comer para poder seguir atendiendo a pacientes. Pero cuando estaba consultando la lista para ver quién era el siguiente, uno de los médicos veteranos, el doctor Adcock, me dio un toque en el hombro.

—Diría que aún no has hecho ningún descanso, Ali. ¿Por qué no vas a buscar algo de comer?

El doctor Adcock alzó una ceja y ladeó la cabeza, que era su expresión habitual cuando tenía que dar malas noticias.

—Estoy bien, gracias —le respondí—. No tengo hambre y hay un montón de pacientes esperando, así que no me importa seguir aguantando. Ya me tomaré un café luego.

Yo pensé que me daría una palmadita y me diría «Buen chico, así se hace» y se iría henchido de orgullo por mi ética profesional. Pero no. Lo que hizo fue asomarse por encima de mí y apagar el monitor de mi computadora.

Al voltearme, un poco confundido, él me sonrió.

—Mira, ya sé que es tu primer día y me gusta tu predisposición. Pero yo llevo trabajando aquí el tiempo suficiente para saber que nunca dejan de llegar pacientes. Como no te tomes un descanso, te vas a desconcentrar y podrías cometer un error. Y eso no es bueno para nadie.

Miré a mi alrededor. En una de las habitaciones al otro lado del vestíbulo sonaba un aviso de urgencia. Había pacientes en camillas desperdigados por todo el pasillo. Aquello era un caos.

El doctor Adcock miró en la misma dirección que yo.

—No vas a ser de ayuda para nadie si estás agotado. En cambio, tomarás decisiones más eficaces si paras un momento para cargar las pilas y recuperar la concentración —dijo—. No se va a morir nadie porque tú te vayas a comer. Para eso siempre hay tiempo.

En mitad del caos que es la medicina de urgencias, había una norma sagrada que todos los médicos veteranos hacían cumplir: había que tomarse un descanso cada cuatro horas. Antes de trabajar en urgencias yo pensaba que eso era como el código de los piratas que describe el capitán Barbossa en *Piratas del Caribe:* «El código consiste en unas directrices, no en auténticas reglas».

Me equivocaba. El trabajo de los médicos especialistas era como el de un general del Ejército: tenían que gestionar los movimientos de sus tropas sobre el campo de batalla. Y eso implicaba, en gran parte, asegurarse de que todos los profesionales descansaran un poco cada cuatro horas, al tiempo que se cercioraban de que ningún departamento se quedara sin personal a causa de esta norma.

Aún hoy sigo pensando en aquella funesta pausa para comer en urgencias. Cada día, antes de empezar a trabajar, pienso en qué momento me voy a sentir más agotado y bloqueo quince minutos en las horas en que creo que más los voy a necesitar. Y siempre que siento la tentación de seguir aguantando recuerdo la ciencia de la autorregulación y que cuanto más te esfuerzas, más te agotas. También me recuerdo lo importante que es descansar, incluso cuando crees que no lo necesitas.

Los descansos no son un lujo que te permites. Son absolutamente necesarios.

Recuerda al doctor Adcock. Aunque te dediques a salvar vidas, los descansos no son un lujo que te permites. Son absolutamente necesarios.

EXPERIMENTO 6:

Celebra las distracciones energizantes

Sin embargo, tampoco es obligatorio que todas las pausas estén previstas en el horario. A veces los descansos no planeados también pueden ser beneficiosos. Yo los llamo «distracciones energizantes».

La primera vez que pensé en el poder de las distracciones energizantes fue cuando descubrí el trabajo del maestro zen vietnamita Thich Nhat Hanh. Considerado a menudo como el padre de la consciencia plena, Nhat Hanh nunca empleó ese término. Él consideraba que su trabajo era una forma de presentar al mundo el conocimiento ancestral de las enseñanzas budistas, algo que empezó a hacer tras exiliarse de Vietnam del Sur en la década de 1960, después de negarse a apoyar la guerra de Vietnam.

Para mí la idea más potente de Nhat Hanh es la «campana del despertar». En la tradición budista de Nhat Hanh, conocida como Aldea Plum, por el Monasterio Plum que fundó en Francia en 1982, se usan campanas para marcar el inicio y el final de las sesiones de meditación. Pero también suenan a menudo durante el día en momentos aleatorios. El tañido inesperado de una campana hace que la gente deje lo que está haciendo y tome consciencia de dónde está. Los anima a estar presentes.

La primera vez que leí las enseñanzas de Nhat Hanh entendí que no todas las distracciones son iguales. Por supuesto, hay algunas que te impiden hacer las cosas que quieres hacer: las notificaciones de Twitter, los correos electrónicos administrativos urgentes, etcétera. Pero algunas pueden insuflar energía positiva en nuestra vida al obligarnos a parar, reflexionar y hacer las cosas a un ritmo más razonable.

Cuando empecé a considerar energizantes algunas distracciones entendí que hacía años que las empleaba, sin entender lo que eran. Cuando estaba en la universidad decidí que mis amigos siempre serían distracciones bienvenidas. En lugar de cerrar la puerta de mi habitación cuando estudiaba, la dejaba entreabierta, de forma que, si un amigo quería pasar a saludar de camino a la suya, podía asomar la cabeza y platicar un momento (o un rato largo). Y sí, esto seguramente me hacía «malgastar» energía y reducía la eficacia de mi estudio, pero me proporcionaba algo muy energizante: tiempo de calidad con mis amigos. Cuando recuerdo mi época universitaria nunca pienso: «Ojalá me hubiera esforzado más o hubiera sido más eficiente». En cambio, sí agradezco el tiempo que dediqué a estos encuentros fortuitos con mis amigos.

Algunas distracciones nos aportan alegría. Considéralas pequeñas invitaciones directas a hacer una pausa, como la campana del despertar de Nhat Hanh. La vida no se trata de mantener constantemente la concentración, sino de dar espacio a los pequeños momentos de azar y alegría.

EN RESUMEN

- La mayor causa del desgaste no es el agotamiento, sino el decaimiento. Si puedes empezar a sentirte mejor, no solo harás más cosas, sino que las harás durante más tiempo.

- Nuestro primer tipo de desgaste es consecuencia del sobreesfuerzo. La solución: haz menos.

- Hay tres formas de poner esto en práctica. La primera es dejar de adquirir demasiados compromisos. Limita la lista de proyectos en la que trabajas y aprende a decir «no» con comodidad. Hazte esta pregunta: «Si solo pudiera quedarme con un proyecto al que dedicar toda mi energía, ¿cuál sería?».

- La segunda forma es resistirse a la distracción. Pregúntate lo siguiente: «¿Puedo desinstalar las redes sociales de mi teléfono y acceder a ellas solo desde el navegador? ¿Cómo puedo corregir el rumbo y reiniciar si (o, siendo realistas, cuando) me distraiga?».

- La tercera forma es buscar momentos para no hacer nada durante tu jornada laboral. Hazte esta pregunta: «¿Considero que los descansos son lujos y no necesidades? ¿Cómo puedo incluir más en mi jornada?».

CAPÍTULO 8

RECARGA

El 2020 fue un año difícil para los lexicógrafos de Oxford University Press.

Además de desempeñar su trabajo principal, la compilación del diccionario de inglés Oxford, cada año se reúnen para nominar su palabra del año de entre los neologismos que capturan la esencia de los últimos doce meses. Durante años sus nominaciones aparecían en las noticias para dar fe del espíritu de la época. 2018: crisis crediticia. 2013: *selfie*. 2015: 😂

Pero 2020 fue el año más complicado hasta entonces. A medida que el covid se expandía, apareció un abanico de nuevos términos: «confinamiento», «distanciamiento social», «supercontagiadores». Al final, el diccionario Oxford no fue capaz de elegir una única palabra.[81] «Teniendo en cuenta la exagerada magnitud de los cambios en el lenguaje y su desarrollo durante 2020 —escribieron—, Oxford Languages concluye que es un año que no puede resumirse de forma concisa en un único término».

Aunque, para mí, la auténtica palabra del año estaba en la página seis de su informe: *doomscrolling*, es decir, la adicción a las malas noticias. Como muchas personas, pasé gran parte de mi tiempo de descanso en 2020 actualizando casi inconscientemente y de forma constante mis redes sociales. A veces me asaltaba un pensamiento: «Debería estar descansando. Y, en cambio, vi 2 500 tuits sobre las consecuencias económicas del confinamiento para los fabricantes de velas de lujo de Vermont».

La mayoría hemos experimentado los peligros de esta adicción a las malas noticias. Después de un largo día de trabajo te sientas en tu lado favorito del sillón, con el teléfono en la mano, y te dispones a relajarte unos minutos. Sin embargo, en lugar de la pausa tranquila que habías planeado, caes en un agujero negro de negatividad y te pones a consumir una noticia desasosegante tras otra en forma de tuits o videos. La primera víctima de esto es tu estado anímico. Creemos estar descansando, pero la sensación es otra.

En el capítulo anterior hablamos de la tendencia a desgastarnos mediante el sobreesfuerzo, a ponernos de mal humor haciendo demasiadas cosas sin incluir los descansos necesarios. Como vimos, la solución es conservar la energía de una forma más eficaz. Pero también podemos desgastarnos durante el tiempo que no trabajamos. Consumir una avalancha de malas noticias, ver un capítulo tras otro de una serie, revisar nuestra bandeja de entrada o las notificaciones de WhatsApp; todo esto son formas de sabotear las emociones satisfactorias durante nuestro tiempo de descanso.

El estrés resultante contribuye a lo que yo denomino desgaste por agotamiento, que surge cuando no nos damos suficiente tiempo o espacio para revitalizarnos.

Prueba a hacer este sencillo experimento. Pon un temporizador de cinco minutos y haz dos listas. En la primera incluye las cosas que sueles hacer cuando sientes que te estás quedando sin energía. En la segunda enumera las cosas que de verdad te cargan las pilas. Si te pareces a mí, seguramente ambas listas serán muy distintas.

Cosas que hago cuando estoy sin energía	**Cosas que recargan mi energía**
Mirar Instagram	Salir a pasear
Mirar TikTok	Tocar la guitarra
Tirarme en el sillón y ponerme a buscar una película que ver en Netflix sin decidirme por ninguna	Llamar a amigos y proponer vernos para cenar
Mirar Twitter y enfurecerme por las cosas que pasan en el mundo	Hacer yoga o estiramientos
Pedir comida basura a domicilio	Ir al gimnasio a entrenar un rato

La diferencia entre lo que hacemos automáticamente cuando sentimos que no tenemos energía y las cosas que de verdad nos cargan las pilas nos demuestra que nuestra forma de descansar rara vez consigue su objetivo. Esto hace que nos preguntemos algo: ¿cómo podemos romper el ciclo de atracón de malas noticias, series y comida a domicilio y empezar a hacer actividades que de verdad nos sienten bien? Suena obvio, pero no siempre usamos nuestros descansos ni nuestro tiempo libre para hacer cosas que de verdad nos sienten bien, es decir, que de verdad nos carguen las pilas y nos ayuden a evitar el desgaste.

RECÁRGATE DE FORMA CREATIVA

¿Alguna vez te has sumergido tanto en una tarea creativa (escribir un poema, aprender una canción, dibujar...) que has notado que al terminar habías olvidado todas tus preocupaciones?

Según un equipo de psicólogos de las universidades estatales de San Francisco e Illinois, es un fenómeno verificable científicamente.[82] Según ellos, es muy probable que las actividades creativas nos relajen. Tienen cuatro características que son de especial ayuda a la hora de hacernos sentir bien, y yo las denomino con una sencilla mnemotecnia: CALMA.

En primer lugar, las actividades creativas nos hacen sentir competentes. Como hemos visto en el capítulo 2, cuando percibimos que estamos adquiriendo nuevas habilidades sentimos un chute de energía. Y es especialmente probable que ocurra si lo que estamos haciendo es creativo. Cuando escribes un poema o compones una canción tienes la sensación de estar mejorando tu habilidad. También mejora la percepción de tu competencia.

En segundo lugar, las actividades creativas afectan a nuestra sensación de autonomía. También hemos hablado de esta idea en el capítulo 2, en el que hemos aprendido que sentir apropiación por nuestro trabajo es muy energizante. De una forma parecida, cuando llevamos a cabo actividades creativas es probable que esa sensación de autonomía nos revigorice. Por ejemplo, cuando pintas tú controlas exactamente qué estás pintando y cómo.

Actividades CALMA

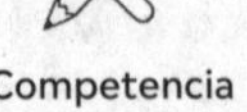

Competencia Autonomía Libertad Mantita

En tercer lugar, las actividades creativas nos dan sensación de libertad. Nos ayudan a desconectar de verdad del trabajo; es difícil permanecer en «modo laboral» cuando te concentras al cien por cien en aprender a tocar la guitarra. Eso nos da una sensación de libertad que nos arranca de nuestra vida laboral.

Por último, las actividades creativas nos ayudan a relajarnos. Cuando se hacen bien, son labores tranquilas y con las expectativas muy bajas, y proporcionan una sensación agradable, como de acurrucarnos con una mantita. Practicar tu habilidad con el tejido haciendo un suéter para una amiga con música suave de fondo (en lugar de, por ejemplo, participar en una competencia de élite de punto calado con 2 000 rivales y una fecha límite cercana) nos ayuda a huir del estrés del trabajo.

Así que las tareas creativas, cuando se hacen bien, pueden desbloquear nuestra energía de, al menos, cuatro formas. Esto da lugar a unas cuantas preguntas. En la práctica, ¿cómo podemos saber qué tareas creativas nos van a calmar? ¿Y cómo podemos integrarlas en nuestra vida?

EXPERIMENTO 1:

Aficiones CALMA

El expresidente de Estados Unidos George W. Bush, el rey Carlos III de Inglaterra y la estrella del pop Taylor Swift tienen más en común de lo que crees.

Hay parecidos que son obvios, claro. Todos tienen una cantidad absurda de dinero. Todos son objeto de teorías conspirativas loquísimas. Todos suelen hacer lujosas giras por todo el mundo. Pero también comparten algo más inesperado: les encanta pintar. Bush pinta veteranos del Ejército; el rey Carlos III pinta paisajes escoceses un poco cursis; y Swift pinta de todo: marinas, flores, plantas…, generalmente con colores sólidos y atmosféricos.

Pintar es, en mi opinión, la actividad CALMA por excelencia. Por poca experiencia que tenga una persona al empezar a pintar, si es constante acabará siendo cada vez más competente. En general, tendrá autonomía sobre lo que pinta y cómo lo hace. Es una práctica muy desvinculada del trabajo cotidiano, así que los aficionados a la pintura experimentan una gran liberación. Y, generalmente, es una actividad relajada y agradable, como envolverse en una mantita.

Pero lo que hace que la pintura sea especialmente importante en cuanto al tema que nos ocupa es que para prácticamente todo el mundo nunca dejará de ser una afición. Algo que se disfruta solo por el hecho de hacerlo, sin más expectativa ni beneficio económico.

Las aficiones son la primera forma de integrar actividades CALMA en nuestra vida. La característica que define una afición es que no hay expectativas respecto a ella: con las aficiones ni se gana ni se pierde, ni se convierten en negocios. Es muy poco probable que alguien descubra en la edad adulta que puede pintar al mismo nivel que un profesional (desde luego George W. Bush, no).

¿Cómo podemos maximizar el potencial de estas aficiones creativas? El truco consiste en asegurarnos de que no dejan de serlo; es decir, garantizar que sean algo distinto al trabajo, sin finalidad concreta y sin estrés. Para ello puede ser útil establecer unos límites a nuestra afición, fijar horas concretas para ella y diferenciarla de nuestro trabajo y nuestras responsabilidades diarias. Intenta tener una habitación o un espacio concretos para practicarlas, desactiva las notificaciones durante los momentos de creatividad o fija un horario para dedicarte a ellas.

A continuación, recuérdate siempre que lo que hay que disfrutar en este caso es el proceso y no tener un objetivo ambicioso. Al pintar, jugar o hacer lo que sea, recuérdate que aquí la calidad no importa. Así que date permiso para cometer errores, experimentar y crecer a tu ritmo. Tu principal objetivo no es convertirte en una persona experta ni maestra en el tema, sino disfrutar y cargar las pilas.

Y, por encima de todo, resiste el impulso de convertir tu afición en tu trabajo. En 2017, George W. Bush publicó una serie de cuadros titulada «Retratos del valor». A la crítica le sorprendió, en general, la calidad de su trazo, aunque la silueta de algunos de sus sujetos era ligeramente deforme. Hacer pública tu afición, mostrándola a los demás o incluso monetizándola, tiene sus riesgos. Significa que ya no la considerarás un pasatiempo, sino una obligación secundaria.

Si lo que quieres es cargar las pilas, tienes que conservar áreas de tu vida en las que el progreso personal no sea un factor.

EXPERIMENTO 2:
Proyectos CALMA

Otra forma de recargar tu energía de forma creativa es emprendiendo un proyecto concreto. A diferencia de una afición abierta, un proyecto tiene un principio y un final definidos. Los proyectos pueden ser especialmente útiles para aumentar nuestra sensación de competencia y autonomía y nos proporcionan la sensación de haber logrado algo cuando llegan a su fin.

Antes de empezar a escribir este libro (y después de derrumbarme como médico residente) mi proyecto creativo era aprender cosas sobre la productividad. Durante meses, cuando llegaba a casa del trabajo ponía algo de música y leía sobre la ciencia de hacer cosas. Estaba desarrollando competencia en ese ámbito porque no dejaba de informarme sobre las investigaciones científicas más recientes en este campo. Tenía autonomía porque podía hacer lo que quisiera en ese tiempo y explorar métodos por mi cuenta, de forma creativa. Me sentía liberado de mi trabajo como médico, que no tenía nada que ver con la experiencia de ser un experto en productividad por las noches. Y en aquella época no había muchas expectativas, así que me sentía relajado y a gusto, como envuelto en una mantita, mientras leía. (Siendo sinceros, cuando firmé el contrato para escribir este libro las expectativas aumentaron).

Un proyecto CALMA puede ser casi cualquier cosa creativa que tenga un final claro. Puedes dedicarte a la fotografía y fijarte el objetivo de hacer una foto cada día. Puedes aprender a programar y ponerte el objetivo de crear un juego de rol basado en texto. Puedes desarrollar la habilidad de coser y ponerte el objetivo de regalarle a tu madre algo hecho por ti en su próximo cumpleaños.

Y si quieres que tu proyecto CALMA te recargue aún más las pilas, puedes valorar involucrar en él a más personas. Como ya vimos en el capítulo 3, cuando emprendemos una tarea con amigos o como parte de una comunidad más amplia aprovechamos también la energía que genera la conexión humana. Prosperamos mejor en entornos donde podemos aprender de los demás, intercambiar ideas y celebrar juntos nuestros éxitos.

Si tu proyecto CALMA implica pintar o dibujar, puedes apuntarte a un curso de dibujo y pintura en tu ciudad o a un grupo de Meetup para compartir tus progresos. Si te apasiona escribir, puedes unirte a un grupo de escritura o asistir a talleres donde crecer con otros escritores. Sea cual sea tu proyecto, cuando construyes una comunidad en torno a él aprovechas el poder que tienen las personas para recargar tus pilas.

RECÁRGATE DE FORMA NATURAL

En un pabellón tranquilo de un hospital de un barrio residencial de Pensilvania había dos grupos de pacientes recuperándose de una operación de vesícula biliar.[83] Sin embargo, no lo hacían a la misma velocidad.

Las ventanas de las habitaciones de uno de ellos daban a un bosquecito de árboles frondosos. Las del otro, a una fría pared de ladrillo. Roger Ulrich, que acababa de emprender su carrera como profesor e investigador de estética ambiental, se interesó en las consecuencias que se podían derivar de esta diferencia. Para su sorpresa, halló que los pacientes cuyas ventanas daban a la naturaleza se curaban, en promedio, un día entero antes, que solicitaban menos analgésicos y experimentaban menos complicaciones que quienes estaban de cara a la pared.

Así fue como Ulrich se fascinó, para el resto de su vida, con la influencia que tiene la naturaleza en los procesos de curación. Menos de una década después se unió a sus compañeros del Hospital Universitario de Uppsala, en Suecia, para probar de una forma más rigurosa qué efecto tenía la naturaleza en la recuperación. Su equipo se centró en 160 pacientes de cirugía cardiaca que estaban en la unidad de cuidados intensivos. Se asignó a los pacientes de forma aleatoria a uno de estos seis entornos: una habitación con una ventana falsa pintada que podía contener una gran fotografía de un paisaje natural, un riachuelo flanqueado por árboles o una escena de un bosque brumoso, uno o dos cuadros abstractos, un panel en blanco o una pared negra. Podrías pensar que las habitaciones no eran tan distintas. Y, sin embargo, su efecto fue sorprendente. Los pacientes que estaban en las habitaciones con la tranquila escena de los árboles y el río experimentaron mucha menos ansiedad y precisaron menos dosis de analgésicos potentes. Los que veían la fotografía del bosque brumoso, los cuadros abstractos o nada se recuperaron mucho peor.

Durante los cuarenta años siguientes la investigación de Ulrich sobre los efectos sanadores de la naturaleza transformó la arquitectura de los hospitales. En parte es la causa de que en los hospitales más modernos de todo el mundo haya jardines y zonas verdes. Según esta investigación, la naturaleza nos ayuda a sanar, y hay décadas de estudios que indican que pasar tiempo en la naturaleza dispara una respuesta fisiológica que reduce nuestros niveles de estrés y revitaliza nuestra capacidad de concentración.

La naturaleza renueva nuestra capacidad cognitiva y aumenta nuestra energía.

Así que disfrutar del glorioso mundo natural es nuestra segunda forma de recargarnos bien. La naturaleza renueva nuestra capacidad cognitiva y aumenta nuestra energía. La naturaleza nos hace sentir bien. Y tenemos que integrarla en nuestro descanso.

EXPERIMENTO 3:

Acoge a la naturaleza

Quizá estés pensando: «Sí, Ali, a todos nos gustaría pasar más tiempo en la naturaleza. Por desgracia, muchos vivimos en junglas de asfalto en perpetua expansión o en aburridas zonas residenciales». Acceder a la naturaleza no es tan fácil como parece.

Pero eso es lo que hace, en mi opinión, que la investigación de Ulrich sea tan revolucionaria. Recuerda que los participantes del estudio de Ulrich solo miraban fotografías de árboles. Allí no había plantas de verdad y, aun así, su efecto fue significativo. La ciencia lo deja claro: conectar con la naturaleza cuesta menos tiempo y esfuerzo del que crees.

Es una conexión que puede durar menos de un minuto. En un estudio, los investigadores reunieron a un grupo de 150 estudiantes universitarios y les hicieron completar un examen para medir su concentración.[84] Antes y después, los participantes se tomaron un microdescanso de cuarenta segundos para mirar un tejado verde o uno de cemento. Los que echaron un vistazo al tejado verde cometieron muchos menos errores y se concentraron con más constancia en la tarea que quienes miraron el tejado de cemento.

De hecho, estas conexiones no tienen por qué implicar estimulación visual. En un estudio publicado en 2018 se pedía a los participantes que cerraran los ojos para escuchar sonidos de paisajes naturales (el trino de un pájaro, el sonido de un bosque, graznidos de gaviotas o una lluvia de verano).[85] Aunque solo escucharon sonidos relajantes de la naturaleza durante siete minutos, dijeron sentir más energía mientras desempeñaban su trabajo las horas siguientes.

Así que absorber energía de la naturaleza no implica necesariamente salir a campo abierto para hacer una excursión de siete horas. Una forma obvia consiste en valorar integrar un espacio verde en tu casa. Lo ideal sería crear un pequeño jardín o comprar plantas de interior. Pero si no tienes tiempo ni recursos para ello, no temas: poner una fotografía de naturaleza en tu mesita tendrá un efecto revitalizador.

O valora sacar tiempo para escuchar sonidos de la naturaleza. No tienes por qué aventurarte en un bosque húmedo para convencer a tu subconsciente de que estás ahí. Así que ¿por qué no dedicar cinco minutos al acostarte a escuchar sonidos del bosque con tu teléfono? Solo el tiempo necesario para relajarte y conciliar el sueño.

EXPERIMENTO 4:

Sal a pasear

Hay otra forma de recargarse aún más sencilla que bajarse una aplicación de sonidos de la naturaleza: salir a pasear.

Figuras célebres desde Steve Jobs hasta Virginia Woolf han insistido en la importancia de salir a pasear a diario para sentirse descansados de verdad. El filósofo y poeta Henry David Thoreau dijo una vez: «Creo que no puedo cuidar mi salud y mi espíritu si no paso al menos cuatro horas al día, y generalmente más, paseando por el bosque, las colinas y los campos, totalmente libre de cualquier compromiso mundano».

Una vez más, con este consejo corro el riesgo de provocar muecas de proporciones épicas. Thoreau podía pasar cuatro horas al día caminando porque su amigo, el poeta Ralph Waldo Emerson era muy generoso y lo dejó vivir gratis en su enorme bosque de Massachusetts durante gran parte de la década de 1840. No todos tenemos la misma suerte, así que cuatro horas paseando «libres de cualquier compromiso mundano» no es algo fácil de encajar en el horario, entre el trabajo, la familia y los amigos. Algunos tenemos que ganarnos la vida, Henry.

Yo a veces siento lo mismo cuando oigo mencionar la obligación de dar 10 000 pasos al día. Este número, que ahora apoyan la Organización Mundial de la Salud y la Asociación Estadounidense del Corazón, entre otros, está tan asentado que lo han adoptado dispositivos como el Apple Watch o los Fitbit. Está tan extendido como la recomendación de tomar cinco raciones diarias de fruta y verdura. Sin embargo, como sucede con lo de las cinco porciones al día, el origen y la base científica real de este número es dudosa. Es el equivalente moderno de las cuatro horas o más de Thoreau. Algunas personas llegan a los 10 000 pasos y otras no. Pero no está del todo claro que ese tenga que ser el objetivo.

Un estudio de 2011 muestra que los pasos quizá no son lo más importante si lo que queremos es aprovechar los efectos de un buen paseo. Ese año, un grupo de psicólogos de Suecia y Países Bajos investigaron los efectos de caminar para la salud mental.[86] Reclutaron a veinte universitarios para participar en un experimento de campo. Los resultados mostraron, para sorpresa de nadie, que caminar mejoraba el humor de las personas, reducía su ansiedad y su prisa. Pero también hicieron que los participantes dieran paseos de 42 minutos en distintos entornos (parques y calles) y en distintos contextos sociales (en soledad o con amigos). Los hallazgos de estos investigadores fueron inequívocos: los participantes se relajaban más cuando paseaban por parques que por calles. Y se sentían más revitalizados cuando paseaban por parques a solas, quizá porque esto les permitía sumergirse más en la naturaleza, pero también si paseaban por la calle con amigos, seguramente por el efecto que tienen las demás personas en nuestros niveles de energía.

Si buscas una forma sencilla y fácil de sentir una revitalización inmediata, prueba a salir a pasear: sin límite de tiempo, sin un objetivo de distancia y sin un destino claro. Si puedes, hazlo por un parque, un bosque o una calle especialmente verde de tu ciudad. Si quieres, llama a una amistad. Quizá no sean las cuatro horas que recomendó Thoreau, pero hasta un paseíto de diez minutos a la vuelta de la esquina durante un descanso puede bastar para hacer que tu día, y tu vida, mejoren.

RECARGA INCONSCIENTE

Hasta ahora, a lo largo del capítulo nos hemos centrado en lo que yo denomino recarga consciente, como buscar nuevas aficiones, comprar una planta de interior o salir a pasear por una avenida arbolada. Todas esas cosas suponen una implicación activa. Nos recargan porque estamos invirtiendo energía en nuestro descanso, como cuando conectas el teléfono al cargador.

Sin embargo, como ya habrás adivinado, no siempre se me ha dado bien centrarme en mis actividades de recarga activas. Y debo decir en mi defensa que la recarga inconsciente también tiene sus ventajas.

Yo defino la recarga inconsciente como cualquier actividad que hagas cuando no estás pensando mucho en relajarte. Puede ser incluso alguna de las actividades de la primera lista que hiciste al principio del capítulo.

Aunque estas actividades inconscientes no suelen ser especialmente buenas como estrategias a largo plazo para recargar energía, sí pueden ser eficaces en pequeñas dosis. A veces lo más productivo y energizante que puedes hacer no es centrarte conscientemente en aprender a tocar una nueva canción con la guitarra, sino tirarte en el sillón a ver un capítulo tras otro de tu *reality* favorito.

La propia palabra lo dice: las actividades conscientes están bien, pero implican tu consciencia. Hay que prestar atención a cosas concretas. Eso significa que debemos dedicarles una cierta cantidad de energía para que sean eficaces. Si la tienes, genial. Sin embargo, a veces llegamos a casa del trabajo, o después de un día intenso con la familia política, o de una tarde de mala suerte, y nos sentimos tan agotados que obligarnos a pintar o a buscar una calle especialmente verde para pasear puede no hacernos ninguna gracia y ser, en realidad, una buena forma de hacernos daño.

En estos casos, disfrutar de un tiempo libre sin culpa en el que no hagamos nada de nada puede ser exactamente lo que necesitamos. Pero, una vez más, el no hacer nada tiene su misterio.

EXPERIMENTO 5:

Deja que tu mente divague

«Como las personas solo matan a las arañas que ven, los humanos actúan como agentes de selección natural en función de su inteligencia y su capacidad para esconderse. Estamos haciendo que las arañas sean más listas».

«Basándonos en el profundo vínculo que puede generarse entre dos personas que odian lo mismo, una aplicación de citas basada en las cosas que no nos gustan tendría, probablemente, mucho éxito».

«La auténtica forma de medir la amistad consiste en observar cuán limpia debes tener la casa antes de que tus amigos vayan a verte».

Todas estas reflexiones están recogidas de una de mis páginas favoritas de internet, el foro de Reddit r/Showerthoughts («pensamientos en la regadera»). Se trata de un espacio en el que la gente publica los pensamientos más profundos y raros que les vienen a la cabeza durante su higiene diaria.

Aunque es improbable que muchos de quienes participan en esa página sean conscientes de ello, en realidad están reivindicando una famosa teoría neurocientífica. Seguramente te ha pasado. Entras en la regadera, te metes bajo el chorro de agua caliente y el aroma del champú y el jabón te arrastran a un estado de relajación. De repente, abres los ojos de par en par: ¡milagro! Encontraste la solución al problema que lleva tiempo preocupándote. A lo mejor se te ocurrió qué deberías decir exactamente en el correo electrónico que quieres enviar a tu jefe. O quizá recordaste dónde dejaste las llaves del coche. El «principio de la regadera» no es solo una fantasía de Reddit. Cuando el cerebro se relaja lo suficiente, aparecen soluciones creativas.

Todo se reduce al poder de un tipo concreto de recarga inconsciente: la divagación mental. Según una investigación neurocientífica reciente, nuestro cerebro está activo incluso cuando no estamos haciendo «nada». En concreto, hay una región del cerebro denominada red neuronal por defecto (RND), que controla esos lugares extraños a los que van las mentes ausentes. La RND nos ayuda a recordar cosas, a soñar despiertos y a imaginar el futuro.[87] Y se activa más cuanto menos centrados estemos mentalmente en tareas agotadoras.

El problema de la vida moderna es que no se nos da muy bien concedernos tiempo y espacio para activar nuestra RND. En el mejor de los casos, la divagación mental tiene mala reputación y suele equipararse con perder el tiempo. Como generalmente no somos capaces de recordar lo que estábamos pensando en nuestras ensoñaciones, cuesta imaginar que esto pueda conllevar algún tipo de beneficio. Pero eso es un error. No hacer nada puede ser sorprendentemente productivo.

¿Cómo sería integrar en nuestra vida ese tiempo para no hacer nada? Bueno, la forma más sencilla de hacerlo es programar activamente momentos en nuestra agenda para incluir la nada en nuestra semana. Algunas noches no tienes por qué salir a pasear ni ponerte a pintar, sino que puedes permitirte desconectar. Puedes marcarlo en la agenda: una noche de la semana que viene será tu noche de ignorar todo.

Si no, también puedes decidir que, mientras hagas las tareas de casa (lavar platos, tender o ir al supermercado) no vas a escuchar nada con auriculares. Este método es contraintuitivo para los entusiastas de la productividad; yo mismo me tengo que obligar a veces a practicarlo. Pero funciona.

Da la sensación de ser poco productivo, pero a veces tu cerebro necesita ese tiempo para divagar y, así, resolver problemas con una perspectiva que ni tu sabías que tenías.

EXPERIMENTO 6:

El principio Reitoff

Sin embargo, programar momentos para divagar mentalmente implica una acción. Sigue siendo algo productivo; lo que pasa es que, en este caso, se activará la productividad haciendo lo menos posible.

Pero a veces hasta eso es demasiado. Cuando estaba intentando encontrar el equilibrio entre mi trabajo a tiempo completo como médico residente y mi negocio personal, a veces llegaba a casa lleno de energía y muy dispuesto a ponerme a grabar y editar videos. Sin embargo, otras estaba profundamente exhausto después de todo un día en el hospital y cada fibra del cuerpo me pedía a gritos la comodidad del sillón y la válvula de escape mental que supone Netflix.

Cuando me pasaba eso, me tiraba al sillón. «No puedo no grabar ese video —pensaba—. Solo media hora y me levanto». Pero a medida que pasaba la media hora lo de grabar el video cada vez me resultaba menos apetecible.

A veces mi *roomie*, Molly, que también era médica, decidía intervenir. «Ali, si tan cansado estás, ¿por qué no das la noche por finiquitada y descansas?», me preguntaba.

Sus palabras plantaron una semilla en mi mente. ¿Y si tenía razón? ¿Por qué no podía dar la noche por terminada y descansar de verdad? Mientras me enfrentaba a este conflicto interno, di con un término que encapsulaba a la perfección esta nueva perspectiva que había descubierto: el principio Reitoff.

El principio Reitoff es la idea de que deberíamos darnos permiso para dar el día por terminado y alejarnos conscientemente de la idea de hacer cualquier cosa. Para muchos el problema del descanso reside en alejarnos de las cosas que deberíamos estar haciendo. Estamos condicionados para valorar el autocontrol, la firmeza y la perseverancia y equiparamos descanso a vagancia, debilidad o fracaso.

Incorporar el principio Reitoff implica reconocer que a veces vale la pena no hacer nada de nada. No darse un baño para pensar. No salir a pasear. *Niente. Nothing.* Nada.

Actualmente yo uso el principio Reitoff para ayudarme a superar la culpa que me produce tomarme tiempo libre. Cuando estoy desgastado, cansado y me cuesta cargar las pilas, me digo que no pasa nada por darme un día libre para hacer otras cosas, como jugar a videojuegos o pedir comida a domicilio, sin sentir culpa. Me digo que esta «falta de productividad» a corto plazo me da tiempo para hacer *tabula rasa* y cargar las pilas.

Hacer menos hoy te permite hacer más cosas que te importan mañana.

También me ayuda entender que, en realidad, seguramente no quiero aplicar el principio Reitoff todos los días. Al darte permiso de vez en cuando para pulsar el botón de pausa y apartarte de la presión constante creas espacio para el crecimiento y la creatividad. Hacer menos hoy te permite hacer más cosas que te importan mañana.

EN RESUMEN

- Nuestra segunda forma de desgaste está relacionada con el tiempo de descanso. El desgaste por agotamiento surge cuando no nos damos suficiente tiempo o espacio para revitalizarnos. La solución: entender cómo descansar de un modo que te llene de energía.
- La mejor forma de hacerlo está relacionada con la calma. O, mejor dicho, CALMA. Busca una actividad o un proyecto que te haga sentir competencia, autonomía, liberación y que sea tranquilo y agradable, como envolverse en una mantita.
- Una segunda solución consiste en pasar tiempo en y con la naturaleza. Hasta el menor rastro de verde puede tener un efecto transformador. Así que sal a caminar, aunque sea un paseo corto, e intenta llevar la naturaleza a tu casa, ya sea en forma de planta de interior o poniéndote trinos de pájaros como sonido de fondo.
- Sin embargo, el descanso no siempre debe ser tan estratégico. A veces lo más energizante que puedes hacer es no hacer nada. Si haces menos hoy, te sentirás mejor mañana.

CAPÍTULO 9

ALINEA

El Sendero de la Cresta del Pacífico (SCP) no es para flojos. Cubre 4 300 kilómetros de distancia en terreno montañoso al oeste de Estados Unidos y atraviesa todo el país a lo ancho, desde el desierto de la frontera con México hasta las montañas al norte del estado de Washington. Se conoce como una de las rutas de senderismo más duras, y a veces peligrosa, de Estados Unidos.

Cada año, cuando llega el calor, miles de excursionistas intrépidos emprenden el sendero. Empiezan en primavera y saben que no llegarán a la frontera con Canadá hasta cinco meses después. Para la mayoría de las personas esto suena a una increíble demostración de resistencia. Para el profesor Kennon Sheldon, de la Universidad de Misuri, sonaba como la oportunidad perfecta para llevar a cabo un experimento psicológico.

Sheldon es un titán de la nueva ola de investigadores de la motivación humana. Hacia el año 2000 muchas personas creían que ya se había dado respuesta a las grandes preguntas sobre la motivación. Como ya comentamos en la primera parte, los científicos saben desde la década de 1970 que existen dos tipos de motivación: intrínseca y extrínseca. La motivación intrínseca se observa cuando haces algo porque lo consideras inherentemente placentero. La motivación extrínseca, cuando haces algo porque hay una recompensa externa, como ganar dinero o un premio. En los años transcurridos desde que se teorizó sobre estas dos formas de motivación se han hecho innumerables estudios que han demostrado que cuando sentimos motivación intrínseca para hacer algo somos más eficaces y la actividad nos resulta energizante; las recompensas extrínsecas pueden, a largo plazo, motivarnos menos a hacer algo solo por el gusto de hacerlo. En resumen, motivación intrínseca = buena; extrínseca = mala. Y eso era todo.

Pero Sheldon tuvo la corazonada de que las cosas podían no ser tan sencillas. Ya en la década de 1990 empezó a preguntarse si se nos había pasado algo importante sobre la ciencia de la motivación. Sí, con las pruebas en la mano, parecía obvio que la extrínseca era «peor» que la intrínseca. Pero, al mismo tiempo, nuestra vida está llena de ejemplos en los que lo que nos motiva es, obviamente, la recompensa externa, y nos funciona.

Imagina a una alumna (vamos a llamarla Katniss) que está estudiando para unos exámenes. A Katniss no le gusta el proceso de estudiar en sí, de modo que su motivación para hacerlo no es intrínseca. Por ahora lo que la motiva no es la alegría que conlleva estudiar y aprender. ¿Cómo puede motivarse Katniss para estudiar? Veamos qué opciones hay:

- **Opción A**. Estudio porque mis padres me obligan. Odio esta asignatura, pero si no la apruebo, me van a castigar un mes sin salir. Tengo que estudiar para evitar ese terrible castigo.

- **Opción B**. Estudio porque me siento culpable. Odio esta asignatura, pero sé que mis padres se han esforzado mucho para que yo pueda ir a clase y sé que debería valorar la oportunidad de hacerlo bien para poder acceder a una buena universidad. Siento ansiedad y culpa cuando no estoy estudiando, así que todas las noches dedico unas horas a trabajar para mi examen.
- **Opción C**. Estudio porque de verdad me preocupa sacar buenas calificaciones. Sí, odio esta asignatura, pero tengo que aprobar este examen para poder obtener el promedio e inscribirme el año que viene en las asignaturas que sí me gustan. Y quiero que me salga bien porque realmente quiero ir a la universidad, ampliar mis horizontes y puede que incluso llegar a estudiar Medicina. Mis padres no me obligan a nada de esto. Sí, por supuesto que se van a llevar una decepción si repruebo, pero no estudio por ellos. Estudio por mí.

Estas tres opciones se enmarcarían en la categoría de «motivación extrínseca». Katniss no estudia, en ninguno de los casos, porque le guste. En lugar de eso, lo hace para conseguir algo ajeno al estudio en sí (evitar un castigo, neutralizar la culpa o acceder a las asignaturas que le gustan). Sin embargo, está claro que estas tres opciones representan actitudes muy distintas frente al trabajo y la vida. La opción C podría ser incluso una forma de motivación un poco más sana, porque anima a Katniss a trabajar por objetivos que ella valora, aunque el proceso no sea intrínsecamente agradable.

El ejemplo de Katniss demuestra que, en realidad, no toda motivación extrínseca es inherentemente mala. Como Katniss con esa asignatura que odia, todos tenemos que hacer cosas que no nos gustan de vez en cuando. Y aunque quizá haya algunas que nos gustan al principio, si las hacemos durante mucho tiempo siempre habrá momentos complicados. En esos momentos no suele ser útil que nos digan que, si disfrutáramos un poco más, seríamos capaces de perseverar.

No toda la motivación extrínseca es inherentemente mala.

Lo que nos lleva de vuelta a Sheldon y el Sendero de la Cresta del Pacífico. Él empezó a sospechar que cualquiera que se embarcara en el SCP acabaría teniendo una crisis de motivación intrínseca en algún punto. «¿Qué les hace continuar?», se preguntó.

Así que decidió probarlo. En 2018 Sheldon reclutó a un grupo que estaba interesado en recorrer el SCP.[88] En él había una mezcla de capacidades. Había 7 personas que nunca habían practicado senderismo, 37 que lo habían hecho «alguna vez», 46 que lo habían hecho «mucho» y 4 que llevaban haciéndolo toda la vida. Antes de emprender el camino, Sheldon midió su motivación pidiendo a los participantes que puntuaran la validez de cada una de las siguientes afirmaciones, que miden distintos tipos de motivación:

«Quiero hacer el SCP porque...

- recorrer el SCP me parece interesante».
- recorrer el SCP es algo importante para mí en el ámbito personal».
- quiero sentir orgullo personal».
- si no lo hago, lo sentiré como un fracaso».
- hay personas importantes a quienes les caeré mejor si completo el SCP».

- sinceramente, no tengo ni idea de por qué estoy haciendo el SCP».

Cuando Sheldon revisó los datos halló que prácticamente todos los senderistas experimentaron descensos en su motivación durante el maratoniano trayecto. Para sorpresa de nadie, cuando recorres casi 4 300 kilómetros por terreno helado durante cinco meses cuesta mucho disfrutar de verdad todos y cada uno de los pasos.

A Sheldon le interesaba más a qué forma de motivación extrínseca recurrían los senderistas cuando, inevitablemente, fallaba la intrínseca. Hacia 2017 muchos científicos habían empezado a sospechar que, como le sucede a Katniss al estudiar para su examen, había tres tipos distintos de motivación extrínseca, además de la forma puramente intrínseca. Todos se mueven en un espectro denominado continuo de autonomía relativa (o CAR):[89]

- **Motivación externa**. «Lo hago porque hay personas importantes que me van a respetar más y a quienes les voy a caer mejor si lo hago». Las personas que puntuaron alto esta afirmación tienen una gran motivación externa.
- **Motivación introyectiva**. «Lo hago porque, si no, sentiré culpa y desagrado conmigo». Las personas que puntuaron alto esta afirmación tienen una gran motivación introyectiva.
- **Motivación identificada**. «Lo hago porque valoro de verdad el objetivo al que me acerca». Las personas que puntuaron alto esta afirmación tienen una gran motivación identificada.

- **Motivación intrínseca.** «Lo hago porque me encanta el proceso como fin en sí mismo». Las personas que puntuaron alto esta afirmación tienen una gran motivación intrínseca.

Podemos ordenar estas cuatro formas en un espectro de menos a más autonomía.

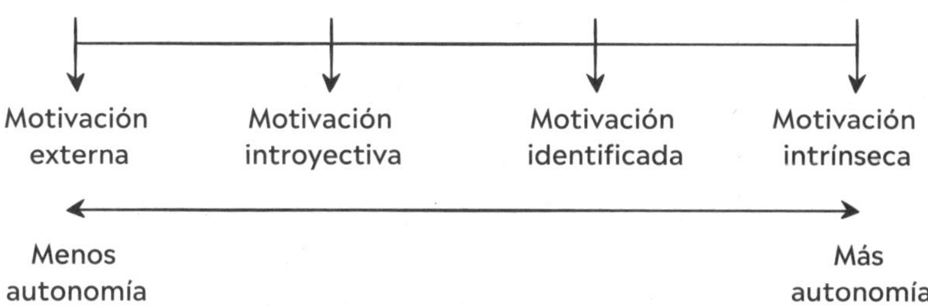

La motivación externa es la forma menos autónoma de motivación extrínseca. En lugar de sentir motivación mediante algún tipo de fuerza interior, lo que nos controla son las opiniones, las normas y las recompensas de los demás. En el otro lado del espectro tenemos la motivación identificada, la forma más autónoma de motivación extrínseca. Aunque podemos estar haciendo algo por la recompensa externa asociada, valoramos dicha recompensa u objetivo final y, lo que es más importante, ese valor lo determinamos nosotros y no los demás.

Al usar este marco Sheldon detectó algo fascinante sobre los senderistas del SCP. El mejor predictor de su rendimiento era a qué tipo concreto de motivación extrínseca recurrían cuando se desvanecía la intrínseca. Usando los datos recopilados sobre la motivación de los senderistas, su bienestar y su rendimiento, demostró que quienes tenían los niveles más altos de motivación introyectiva e identificada tenían mucha más probabilidad de completar el sendero. Conseguían alimentarse de esas formas de motivación extrínseca para ayudarse a mantener su nivel de progreso incluso cuando las cosas se ponían complicadas.

Al mismo tiempo, Sheldon preguntó a cada uno de los senderistas por su estado anímico durante la caminata mediante una serie de test contrastados sobre el bienestar subjetivo, que es como llaman los psicólogos a la felicidad. De aquí extrajo su segunda —e intrigante— observación: el único tipo de motivación extrínseca que se correspondía con una gran felicidad era la identificada. En otras palabras, los senderistas que se motivaban alineando sus acciones con las cosas que valoraban de verdad no solo completaban la caminata, sino que llegaban más felices a la meta. Sheldon no emplea este término, pero podríamos decir que esos senderistas estaban experimentando la productividad feel good.

Su estudio nos da una pista sobre cómo reducir el riesgo de desgaste. Hasta ahora hemos explorado cómo evitar lo que yo denomino desgaste por sobreesfuerzo, que surge por hacer demasiadas cosas, y el desgaste por agotamiento, que surge por esforzarse demasiado. Pero hay un tercer tipo de desgaste, que yo denomino desgaste por desalineación.

El desgaste por desalineación surge de los sentimientos negativos que se alimentan cuando los objetivos de una persona no tienen nada que ver con la idea que tiene de sí misma. Nos sentimos peor, y conseguimos menos cosas, porque no actuamos con autenticidad. En esos momentos nuestro comportamiento está dirigido por fuerzas externas, en lugar de por un alineamiento profundo entre quiénes somos y lo que hacemos. Este alineamiento solo nos lo puede proporcionar la motivación identificada e intrínseca.

La solución: averiguar qué es lo que te importa de verdad y alinear con ello tu comportamiento.

Es un método transformador que puede hacernos sentir esencialmente mejor en la vida. Ya hemos explorado que todos tenemos que hacer cosas que no nos gustan y que los demás esperan de nosotros. A mí, por ejemplo, no me gusta especialmente llevar el coche a revisión, limpiar el baño o hacer la declaración de impuestos. En esos momentos puede que no disfrutemos de la tarea que tenemos entre manos y eso puede consumir toda nuestra energía. Sin embargo, podemos mantener una productividad feel good si alineamos nuestras acciones en el presente con una idea más profunda del yo.

HORIZONTE A LARGO PLAZO

Cuando hablamos de alinear nuestros actos con nuestros valores puede ser de ayuda pensar a largo plazo. A muy largo plazo.

Tomemos como ejemplo el terremoto de Los Ángeles de 1994. El 17 de enero de 1994 un terremoto de intensidad 6.7 sacudió la ciudad, lo que causó la muerte a 57 personas e hirió a miles. Entre los supervivientes estaban los empleados del Centro Médico para Veteranos Sepulveda (VAMC, por sus siglas en inglés), situado a solo 2 kilómetros del epicentro. El hospital quedó gravemente dañado y las casas de muchos empleados del hospital también fueron destruidas.

Un grupo de investigadores liderados por la profesora Emily Lykins de la Universidad de Kentucky emplearon esta horrible experiencia para explorar una idea sencilla: que cuando pensamos en la muerte vemos la vida con más claridad.[90]

Cuando pensamos en la muerte vemos la vida con más claridad.

Los científicos pidieron a 74 empleados del VAMC que llenaran dos cuestionarios en los que se les preguntaba por la importancia de distintos objetivos vitales antes y después del suceso. Los objetivos se dividían en intrínsecos (por ejemplo, cultivar amistades íntimas y el crecimiento personal) y extrínsecos (por ejemplo, avanzar en la carrera profesional y adquirir propiedades materiales). También planteaban a los participantes preguntas del tipo «¿Durante el terremoto pensaste en algún momento que ibas a morir?», para entender en qué medida se habían visto en peligro.

Los datos revelaron un patrón claro. Después del terremoto los empleados dijeron valorar más los objetivos intrínsecos que los extrínsecos. Es más, cuanto más clara había sido la sensación de estar en peligro de muerte, más pronunciado era ese giro hacia los objetivos intrínsecos. Por ejemplo, un empleado que hasta entonces solo se había interesado por progresar en su carrera profesional y por los bienes materiales empezó a dedicar más tiempo y energía a cuidar las relaciones íntimas con familia y amigos. Otro empleado, que hasta entonces solo había buscado la validación mediante los halagos externos, empezó a dedicarse al trabajo creativo y el crecimiento personal sin preocuparse por la opinión de los demás.

Esto muestra por qué es útil pensar en el horizonte más a largo plazo de todos, que es el final de nuestra vida. Cuando somos capaces de conectar con los objetivos y las acciones que dan sentido a nuestra existencia generamos motivación identificada. El problema es que si les preguntas a cincuenta personas «¿Qué significa para ti que la vida tenga sentido?», con suerte obtendrás dos respuestas más o menos claras. Es una pregunta muy difícil.

Y aquí es donde entra en juego el método que identificaron los científicos en Los Ángeles. Piensa en el punto final de tu vida y úsalo para reevaluar qué es lo importante aquí y ahora.

EXPERIMENTO 1:

El método del panegírico

Afortunadamente, no hace falta verse implicado en una catástrofe como un terremoto para abordar la vida pensando en el final, como demuestra el obituario de Leigh Penn.

«Leigh Penn, abogada de la juventud en riesgo de exclusión, muere a los 90 años», dice el resumen de su vida.[91] «Leigh trabajó con vehemencia para cerrar la brecha de la desigualdad de oportunidades». En él se describe su implicación en algunas de las causas más notables de nuestra época, desde el liderazgo de una innovadora ONG que daba la oportunidad de estudiar a jóvenes de zonas marginadas hasta ayudar a la Marina de Estados Unidos a crear un plan para proporcionar formación a comunidades olvidadas de todo Estados Unidos. Pero incluso con una carrera tan potente no perdió jamás de vista sus relaciones. «A pesar de ser MBA y CEO, el título favorito de Leigh era el de Mamá», sigue el texto.

Su vida fue destacable y «dejó huella». Solo había algún que otro problemita. En primer lugar, Penn, en realidad, no había alcanzado ninguno de los logros que mencionaba aquella necrológica. En segundo lugar, no había llegado a la provecta edad de noventa años. Y en tercer lugar, ni siquiera había muerto.

De hecho, Penn era una alumna de la Escuela de Negocios de Stanford que estaba haciendo la famosa asignatura «Vidas consecuentes».[92] El profesor, Rod Kramer, suele pedir a sus alumnos que escriban sus propios obituarios como si hubieran vivido su vida ideal, la mejor que pudieran imaginar, hasta el final.

«El objetivo de esta asignatura es cambiar tu forma de abordar tu vida y su posible influencia en el mundo», dice la descripción. Para muchos, Penn incluida, fue transformadora. «Me obligó a pararme y preguntarme si estaba dedicando suficiente tiempo a las personas que quería. O si estaba demasiado inmersa en la carrera y las rencillas profesionales», escribió más adelante. Reflexionar sobre la muerte arrojó luz sobre su forma de vivir.

Yo he empleado a menudo un abordaje similar. Lo llamo el «método del panegírico». En mi caso no me centro tanto en el obituario como en el funeral. Hazte la siguiente pregunta: «¿Qué me gustaría que dijera alguien de mí en mi funeral?». Piensa en lo que te gustaría que dijera un familiar, un amigo íntimo, un familiar lejano o un compañero de trabajo en tu funeral.

Este método nos ayuda a plantearnos qué cosas valoramos desde la perspectiva de los demás. Ni siquiera tus compañeros de trabajo se levantarán en tu funeral para decir: «Nos ayudó a cerrar muchos contratos de millones de euros». Hablarán de cómo eras como persona, en tus relaciones, de tu carácter, de tus aficiones. Y hablarán de la influencia positiva que hayas tenido en el mundo, no de la cantidad de dinero que hiciste ganar a tu empleador.

Ahora aplica lo que hemos aprendido a tu vida actual. ¿Qué implica la vida que quieres que recuerden los demás dentro de unas décadas para la vida que estás construyendo ahora?

Así que, después de empezar con un planteamiento tan alegre, vamos a aterrizar un poco las cosas.

EXPERIMENTO 2: Planea tu aventura

A principios de la década de 1990 Bill Burnett pasó varios años trabajando en Apple.[93] Lo que lo hizo famoso fue que contribuyó al diseño del primer ratón Apple. Pero, de hecho, Burnett trabajó en decenas de proyectos distintos y no tardó en convertirse en una pieza clave del equipo de diseño. Fue en esta época cuando empezó a desarrollar un gran conocimiento de la intersección entre el buen diseño y las necesidades humanas.

Un día tuvo una idea intrigante. ¿Podría aplicar a la vida humana las mismas herramientas que había empleado para diseñar el mejor *hardware* del mundo?

A lo largo de los siguientes años Burnett implementaría un nuevo método para dar forma a una existencia más feliz y plena, que denominó «diseñar tu vida». Al aplicar ideas de diseño al desarrollo personal, Burnett pensó que podía ayudar a las personas a vivir de un modo más sincero y auténtico, un abordaje que acabaría sentando las bases de la asignatura «Diseña tu vida» en la Universidad de Stanford.

Cuando descubrí el método «Diseña tu vida» fue como una revelación. En aquella época hacía pocos meses que había empezado mi segundo año como médico residente en el departamento de Ginecología y Obstetricia y me sentía un poco atascado. Tenía una idea clara de quién era. Sabía que me gustaba la medicina, me encantaba enseñar a los estudiantes, tenía un círculo de amistades pequeño pero íntimo y disfrutaba de la rutina de ir los sábados por la mañana a mi cafetería favorita del centro de Cambridge. Sin embargo, no tenía ni idea de qué era lo que esperaba exactamente de la vida.

Fue entonces cuando un amigo me habló de un ejercicio en concreto del libro *Design de vida,* basado en la famosa asignatura, con la promesa de que convertiría mis ideas vagas sobre lo que quería en un dibujo claro sustentado en pruebas. El abordaje se llamaba «planea tu aventura».

En el núcleo del ejercicio habitaba una pregunta sencilla: ¿cómo quieres que sea tu vida dentro de cinco años? «Esto no tiene nada de profundo; cualquiera que haya pasado por una entrevista de trabajo ha tenido que plantearse esto», pensé. Pero la mentalidad de diseñador de Burnett ofrece una forma poco corriente de responderla. Te invita a reflexionar sobre los siguientes aspectos:

- **Tu camino actual**. Escribe detalladamente cómo será tu vida dentro de cinco años si sigues por el camino que llevas.
- **Tu camino alternativo**. Escribe detalladamente cómo será tu vida dentro de cinco años si tomas un camino completamente distinto.
- **Tu camino radical**. Escribe detalladamente cómo será tu vida dentro de cinco años si tomas un camino com-

pletamente distinto en el que el dinero, las obligaciones sociales y lo que opine la gente sean irrelevantes.

Planea tu aventura

Tu camino actual

Tu camino alternativo

Tu camino radical

Lo importante aquí no es que uno de esos futuros sea, en realidad, tu plan sin fisuras (en la planificación vital siempre hay fisuras). Lo importante es abrir la mente a otras posibilidades.

Para algunas personas la primera opción es la que de verdad quieren seguir, sin ninguna duda. Si es tu caso, tengo una buena noticia: tu yo actual y tu yo futuro ya están alineados. Sin embargo, hay muchas personas a quienes esto les permite ver que el camino que están siguiendo no es el que de verdad quieren.

En mi caso, planear mi aventura por escrito me hizo darme cuenta de que la vida que estaba llevando, ser médico a tiempo completo, ya no me emocionaba. Mi camino actual estaba lleno de elementos como «hacer una residencia de anestesista en el Reino Unido». Al verlo escrito entendí que había emprendido ese camino varios años antes, pero que algo en mí había cambiado durante ese tiempo, hasta el punto de que ese futuro había dejado de parecerme energizante.

Así que cambié de rumbo. Planear mi aventura me inspiró para centrarme en hacer crecer mi negocio en lugar de seguir por el camino de convertirme en médico adjunto. Hasta hoy, siempre que me hallo en una encrucijada hago este ejercicio. Al trazar un boceto de los caminos que tienes por delante puedes decidir cuál quieres seguir de verdad.

HORIZONTE A MEDIO PLAZO

Pensar en el horizonte a largo plazo es genial para determinar qué cosas valoramos en abstracto, pero puede llegar a ser un poco inconcreto. Al fin y al cabo, si tienes veintipico o treinta y pico años, (con suerte) el panegírico te queda a medio siglo de distancia, y eso es mucho tiempo. ¿Cómo convertir estos planes de vida abstractos en una estrategia coherente para vivir la vida, supongamos, durante el año que viene?

La respuesta procede de un método sencillo que los científicos denominan «intervenciones de afirmación de valores», una forma de identificar tus valores personales centrales aquí y ahora y de reflexionar continuamente al respecto. En la última sección hemos hecho un esquema de planes de vida ideales. Con la afirmación de valores podemos convertirlos en una serie de ideas concretas sobre lo que pensamos hacer a lo largo del próximo año.

Estas intervenciones son especialmente potentes si tienes poca confianza en tu capacidad para conseguir lo que quieres a largo plazo. En un artículo publicado en la revista *Science,* un grupo de psicólogos empleó las intervenciones de afirmación de valores para cerrar la brecha de género en cuanto a logros en el campo de la física, un ámbito muy dominado por los hombres.[94] Entre los cuatrocientos alumnos de la asignatura que reclutaron Akira Miyake y sus colegas, las alumnas tendían a obtener peores resultados que los alumnos y también tenían la creencia de que los hombres tenían una mayor predisposición a la física que las mujeres.

La intervención de Miyake fue un ejercicio de afirmación de valores clásico. Se dio a todos los alumnos una lista con las siguientes doce opciones:

1. Tener capacidades artísticas.
2. Creatividad.
3. Relaciones con familia y amistades.
4. Gobierno o política.
5. Independencia.
6. Estudiar y aprender cosas.
7. Capacidad atlética.
8. Pertenecer a un grupo social (como tu comunidad, tu grupo étnico o un club de alumnos).
9. Música.
10. Carrera profesional.
11. Valores religiosos o espirituales.
12. Sentido del humor.

A la mitad de los alumnos les pidieron que escribieran qué tres valores eran más importantes para ellos y por qué los habían elegido. A la otra mitad les pidieron que eligieran qué tres valores les importaban menos y que escribieran por qué podrían ser importantes para otras personas. Este sencillo ejercicio de escritura tuvo una influencia enorme en el examen de evaluación: la intervención redujo significativamente la brecha de género en las calificaciones y mejoró el rendimiento de las mujeres. Y esto fue especialmente cierto en el caso de las mujeres que defendían el estereotipo de que a los hombres se les daba mejor la física que a ellas.

¿Por qué? Una posible explicación es que, al afirmar sus valores, estas mujeres fueron capaces de recordar qué era lo más importante para ellas y lo tuvieron presente mientras hacían el examen.

La afirmación de valores hace realidad nuestros ideales más abstractos y, de paso, incrementa nuestra seguridad.

Así que la afirmación de valores hace realidad nuestros ideales más abstractos y, de paso, incrementa nuestra seguridad. La única duda es cómo hallar esos valores y cómo emplearlos.

EXPERIMENTO 3: La rueda de la vida

La primera vez que pensé en la afirmación de valores fue en mi penúltimo año en la Facultad de Medicina. Recuerdo estar sentado en una sofocante y abarrotada aula magna un caluroso día de verano, con una ligera sensación de enojo. Mi ánimo debería haber sido de celebración: había terminado los exámenes de mi quinto año y todas las personas de la sala estaban a punto de viajar a distintos países para unas prácticas de dos meses con las que ganar experiencia en distintos puntos del globo. Mis amigos Ben y Olivia y yo íbamos a ir al Centro de Cirugía Infantil de Nom Pen, en Camboya, la semana siguiente.

Pero antes teníamos que asistir a una serie de molestas conferencias durante una semana, incluida una titulada «Cómo ser un médico de éxito». Aquello me sobrepasaba. Es decir, ¿acaso no era eso para lo que había estado estudiando los últimos cinco años? Así que imagina mi sorpresa cuando nuestro tutor, el doctor Lillicrap, reveló que la sesión no versaba sobre las glorias de la administración médica, sino sobre cómo aprender a definir el éxito en nuestros propios términos.

El doctor Lillicrap nos explicó que para demasiados estudiantes de medicina el éxito se reduce a elogios académicos y títulos bonitos. Pero es mucho más que eso, insistía. Y así empezó a repartir unas hojas que contenían un sencillo ejercicio: la rueda de la vida.

La rueda de la vida, nos explicó, era un marco de acompañamiento que podíamos usar para desarrollar nuestra definición de éxito. Empiezas dibujando un círculo y luego lo divides en nueve segmentos. En los bordes de cada uno de ellos escribes las principales áreas de tu vida. Debajo puse las que nos recomendó el doctor Lillicrap como punto de partida, aunque tú puedes añadir las que más se adapten a tu situación. Tenemos tres para la salud (cuerpo, mente y espíritu), tres para el trabajo (misión, dinero y crecimiento) y tres para las relaciones (familia, pareja, amistades).

A continuación tienes que indicar hasta qué punto tu vida está alineada en ese aspecto. Pregúntate lo siguiente: «¿Hasta qué punto creo que en este momento mis actos están alineados con mis valores personales?». Después hay que colorear los segmentos en consecuencia. Si la alineación es total, píntalo entero; si sientes que hay un vacío ahí, déjalo en blanco.

Mi rueda de la vida arrojó algunos datos interesantes. Era la primera vez que me planteaba qué quería de verdad en la vida de una forma medianamente estructurada. Siempre había tenido el vago objetivo de convertirme en un médico que también hiciera algo técnico como segunda actividad, pero este ejercicio me proporcionó el vocabulario necesario para pensar en la vida de un modo más estratégico.

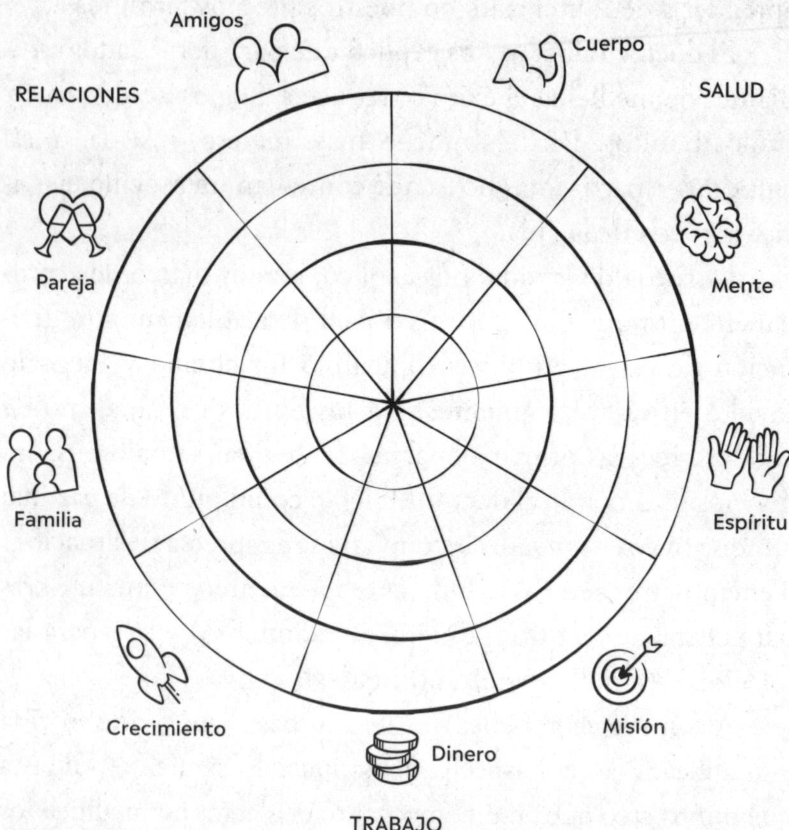

Los tres aspectos en los que estaba menos alineado eran la pareja (en el área de relaciones), el cuerpo (en el área de salud) y la misión (en el área del trabajo). Eso me empujó a pasar a la acción. Empecé a tener citas. Comencé a ir al gimnasio. Y empecé a pensar seriamente en lanzar mi negocio; de hecho, grabé mis primeros videos durante aquella estancia en Camboya. En cuestión de minutos la rueda de la vida me había dejado claro qué era lo más valioso para mí.

EXPERIMENTO 4:
La celebración dentro de doce meses

La rueda de la vida funciona bastante bien para explicar cómo convertir tus valores en una serie de objetivos coherentes. Es lo que me inspiró a colgar mi primer video. También inspiró a al menos dos de mis compañeros a dejar la medicina (algo que seguramente no era la intención del doctor Lillicrap).

Pero sigue siendo algo un poco lejano: hablamos de valores abstractos, no de pasos concretos. Y aquí es donde entra en acción mi método favorito: la celebración dentro de doce meses. Es mi forma predilecta de convertir los sueños en actos. La idea es sencilla: imagina que dentro de doce meses estás cenando con tu mejor amigo o amiga. Están celebrando los muchos progresos que has hecho en las áreas de la vida que han sido importantes para ti a lo largo del último año.

Revisa los valores que identificaste en la rueda de la vida. Ahora escribe lo que te gustaría contarle a ese mejor amigo o amiga sobre tus progresos en cada uno de ellos.

Categoría	Motivo de celebración
Salud	**Cuerpo:** durante los últimos doce meses he encontrado una rutina de entrenamiento que encaja con mi estilo de vida y mis gustos y he perdido casi 7 kilos. **Mente:** durante los últimos doce meses he priorizado mi salud mental y he ido a terapia. Me ha ayudado a ser más consciente y a gestionar el estrés de una forma más eficaz. **Espíritu:** durante los últimos doce meses he practicado la meditación todos los días y acudí a un retiro espiritual.

Categoría	Motivo de celebración
Trabajo	**Misión:** durante los últimos doce meses he gestionado la transición a un nuevo empleo que se ajusta a mis puntos fuertes, lo que me hace disfrutar más del trabajo y sentir una mayor realización. **Dinero:** durante los últimos doce meses he devuelto gran parte del préstamo que pedí para pagar los estudios y empecé a ahorrar para la entrada de una casa. **Crecimiento:** durante los últimos doce meses he tomado un curso por internet que ha ampliado mis habilidades y ha incrementado mis opciones a la hora de buscar empleo.
Relaciones	**Familia:** durante los últimos doce meses he dedicado más tiempo a mi familia porque he programado visitas y llamadas regulares. **Pareja:** durante los últimos doce meses he fortalecido la relación con mi pareja mediante una comunicación más abierta. **Amigos:** durante los últimos doce meses he hecho un esfuerzo para recuperar el contacto de forma regular con viejos amigos y establecer nuevas conexiones, lo que hizo que mi círculo social sea más diverso y me proporcione un mayor apoyo.

Considera esto la versión menos pesimista del método de la bola de cristal del capítulo 4 (ver página 132). En ese caso nos centrábamos en que todo puede salir mal. Aquí nos centramos en que todo puede salir bien. Hazte la siguiente pregunta: «Para poder celebrar todo esto dentro de doce meses,

¿qué debería hacer durante el año? ¿Y cuál es el primer paso? ¿Apuntarme al gimnasio que hay al lado de casa? ¿Pulir mi currículum? ¿Anotar en la agenda una conversación semanal con mi madre?

Y, de repente, nuestros valores ya no hablan del futuro lejano, sino de los pasos que hay que dar en los próximos meses.

HORIZONTE A CORTO PLAZO

Para algunas personas estos pasos que hay que dar para alinear objetivos y vida pueden seguir pareciendo demasiado distantes. Pensar en quién vas a ser dentro de un año puede seguir resultando muy difuso. Tienes que encontrar una forma de alinear tu comportamiento ahora mismo, hoy.

Aquí el objetivo es tomar decisiones cotidianas alineadas con tu yo más íntimo. Es algo que no solo nos hace sentir bien, sino que es uno de los ejes más potentes de la productividad feel good. En un estudio, Anna Sutton, de la Universidad de Waikato, en Nueva Zelanda, rastreó 51 estudios con más de 36 000 datos para explorar la relación entre llevar una vida cotidiana auténtica y el bienestar global.[95] Sus hallazgos mostraron no solo una relación positiva entre la autenticidad y el bienestar, sino también entre la autenticidad y lo que ella denominó «implicación». Todo ello constituye un descubrimiento sorprendente. Cuando las personas toman decisiones alineadas con sus valores personales y su identidad, no solo son más felices, sino que también se implican más en las tareas que tienen entre manos.

De modo que el ingrediente final del alineamiento implica hacer un cambio de actitud: dejar de pensar en nuestros valores como algo que influye en nuestra vida o a lo largo de los años y empezar a considerarlos algo que tiene que influir en nuestras decisiones diarias.

La pregunta es cómo. Todos tomamos decisiones a diario que nos alejan de nuestros valores. Quien valora la libertad pero se queda en un lugar de trabajo donde lo controlan esperando cobrar en acciones. Quien valora las relaciones íntimas pero pasa la mayor parte del tiempo en el trabajo y descuida la dedicación a familia y amigos. Hay momentos en los que las decisiones cotidianas no están alineadas con lo que más deseamos.

Con las herramientas necesarias podemos dar un giro sutil para orientarnos hacia las cosas que de verdad nos importan.

Con las herramientas necesarias podemos dar un giro sutil para orientarnos hacia las cosas que de verdad nos importan y, al mismo tiempo, mantener nuestra productividad durante más tiempo (y enriquecer nuestra vida).

EXPERIMENTO 5:

En busca de los tres alineamientos

Mi forma favorita de integrar valores a largo plazo en las decisiones cotidianas se basa en un hecho sencillo: los objetivos a corto plazo parecen mucho más fáciles de alcanzar que los objetivos a largo plazo.

Esto lo saben los psicólogos desde hace décadas. En un estudio muy famoso, los investigadores pidieron a un grupo de niños y niñas de entre siete y diez años a quienes les costaban las matemáticas que se pusieran objetivos para los días siguientes.[96] Los dividieron en dos grupos y les propusieron cosas ligeramente distintas. Al primer grupo le pusieron como objetivo completar seis páginas de problemas matemáticos en cada una de las siguientes siete sesiones; al segundo le dijeron que debían tener 42 páginas completadas al final de la séptima sesión.

Por supuesto, ambos objetivos eran idénticos, pero expresados de forma distinta; en ambos casos iban a terminar las sesiones con 42 páginas completadas. Sin embargo, el efecto del objetivo inmediato en comparación con el distante fue muy importante. Los niños y las niñas que tenían un objetivo cercano no solo rindieron mejor, sino que su rendimiento fue el doble de bueno que el del otro grupo: resolvieron correctamente el 80% de los problemas, frente a un 40% del otro grupo. Además, también se sintieron más seguros, lo cual es uno de los caminos más importantes para alcanzar el bienestar. La psicóloga organizacional Tasha Eurich lo resumió así: «Los objetivos cercanos no solo ayudaron a estos niños y estas niñas a resolver los problemas; también cambiaron su forma de entender las matemáticas».

¿Qué tiene esto que ver con vivir de acuerdo con tus valores? Bueno, ayuda a superar la distancia entre el lugar en el que estás ahora y el lugar en el que quieres estar.

La idea de la celebración dentro de doce meses puede resultar abrumadora. A mí suele costarme vivir un solo día de acuerdo con mis valores, imagínate un año. Pero ahí es donde nos puede ayudar fijarnos en este experimento. Todas las mañanas elige tres actos que vas a hacer durante el día y que te van a acercar a donde quieres estar dentro de un año.

Yo lo que hago es guardar en favoritos de mi navegador un documento en la nube con mi celebración dentro de doce meses. Siempre que me siento para empezar a trabajar abro el documento, lo repaso y me recuerdo cómo quiero que sea mi celebración dentro de doce meses. Después, debajo de cada una de las áreas (salud, trabajo y relaciones) elijo una subcategoría en la que centrarme. Estas son las tres búsquedas de alineamiento que elegí esta mañana:

- S – Gimnasio 15:30-16:30.
- T – Avanzar en la escritura del capítulo 9.
- R – Llamar a Nani (mi abuela).

Este método no solo funciona para los fanáticos del *fitness*/escritores/fans de sus abuelas como yo. Supongamos que estás en la universidad y quieres mejorar tus calificaciones, mantenerte en forma y fortalecer tus amistades. Tus tres búsquedas de alineamiento del día serían algo así:

- S – Ir a correr media hora después de clase.
- T – Dedicar una hora extra a estudiar para el examen de mañana.
- R – Ponerme al día con Katherine tomando un café después de estudiar.

Supongamos que trabajas, tienes hijos y estás intentando conciliar las demandas de tu trabajo, tu salud y tu vida familiar. Tu búsqueda de alineamiento podría incluir cosas de este estilo:

- S – Dar un paseo de quince minutos en la pausa para comer.
- T – Acabar el borrador de la propuesta del proyecto antes de comer.
- R – Cocinar una cena saludable para mi familia y pasar tiempo de calidad juntos.

El beneficio de este abordaje es que reduce el terror que provoca ese enorme objetivo a doce meses vista. Al centrarnos en los pasos inmediatos, a corto plazo, en vez de en todo el año convertimos el hecho de vivir alineados con nuestros valores en algo inmediato y alcanzable.

EXPERIMENTO 6: **Experimentos de alineamiento**

Cuando empecé mi investigación sobre la productividad feel good hace una década, la revelación más importante no fue ningún estudio ni ninguna teoría. Fue un método. Todo empezó cuando apliqué el pensamiento científico que estaba aprendiendo en la Facultad de Medicina a temas como la felicidad, la plenitud y la productividad.

Así que mi último ejercicio cierra el círculo e implica aprender a pensar en la productividad como los científicos, experimentar con las cosas que dan sentido a la vida y usar esos experimentos para tomar decisiones sobre qué hacer a cada momento.

Los «experimentos de alineamiento» pueden ayudarte a probar teorías sobre qué puede acercarte a tu alineamiento en tus decisiones cotidianas. Es un proceso con tres fases.

La primera, identificar un área de tu vida en la que tus actos te resulten especialmente poco satisfactorios. Los resultados del método del panegírico, planea tu aventura y la rueda de la vida te pueden ayudar con esto. Pero incluso sin hacerlos puedes notar cierta desalineación en una o más áreas de tu vida; puede ser en el trabajo, las relaciones o en tus aficiones. Piénsalo: ¿hay algún área en la que sientas que las cosas no van bien?

Piensa en una abogada que ha dedicado años a escalar por la jerarquía de su oficina, pero que al final descubre que trabajar tantas horas rodeada de tanto estrés le está pasando factura en su vida personal. Para ella un experimento de alineamiento podría consistir en explorar otras condiciones laborales más acordes con sus valores. O imagina un universitario que eligió la carrera basándose en expectativas externas, como presiones familiares, en lugar de en sus auténticos intereses. Quizá le cuesta implicarse en las clases y le preocupa no haber elegido el camino correcto para su futuro. En este caso, un experimento de alineamiento podría ser valorar otras opciones académicas.

En segundo lugar, desarrolla una hipótesis. Aquí pensamos como científicos y esto implica adoptar una actitud experimental. Todos los experimentos científicos tienen una «variable independiente», algo que se cambia para ver el efecto que esto provoca. Si tuvieras que cambiar una, solo una, variable independiente de tu vida, ¿cuál sería? ¿Y qué efecto crees que tendría esto en tu situación?

Esta es tu hipótesis. La hipótesis de nuestra abogada desmotivada podría ser: «Ajustar mi horario laboral podría mejorar la conciliación de mi vida personal y profesional». O la del universitario estresado podría ser: «Cambiar de carrera a una más alineada con mis intereses y valores personales mejoraría mi motivación y satisfacción con la vida académica».

El tercer paso es el más importante: ejecuta. Haz un cambio. Y, al hacerlo, observa los efectos sobre tu situación y tu sensación de alineamiento.

Para que esto funcione como un experimento es importante que el cambio sea localizado. Si transformas profundamente todas las esferas de tu vida, no sabrás qué tiene un papel y qué no en los cambios en tu estado anímico y tu alineamiento. Así que, para empezar, cambia cosas pequeñas. En el caso de nuestra abogada esto podría consistir en negociar una reducción de jornada durante tres meses, o en delegar algunas de las actividades más agotadoras a los júnior para centrarse en proyectos energizantes, en lugar de dimitir de su trabajo. En el caso de nuestro universitario, podría ser inscribirse en una asignatura de otra carrera, en lugar de cambiarla sin más.

Pero, a medida que lo hagas, toma nota de los efectos. Intenta llevar un diario de tus experiencias, anota las dificultades, los éxitos y todo lo que aprendas por el camino. Al llevar a cabo estos experimentos date la oportunidad de explorar caminos alternativos, sin tener que comprometerte con ellos a largo plazo. Al menos de momento.

Estos pequeños experimentos implican reconocer que el camino hacia tu alineamiento no tiene un objetivo final claro. Es un proceso sin fin. A medida que avanzamos por el laboratorio que es nuestra vida tenemos que estar dispuestos a experimentar y a aprender sobre la marcha.

EN RESUMEN

- El desgaste por desalineación surge cuando dedicamos tiempo a objetivos que no tienen nada que ver con quienes somos. Superar la desalineación es una tarea que dura toda la vida y requiere prestar siempre atención a qué es lo que de verdad nos importa y cambiar nuestro comportamiento en consecuencia.

- Hay algunas formas sorprendentemente sencillas de averiguar qué te importa ahora mismo. En primer lugar, mira tu futuro a largo plazo. Intenta imaginarte en tu lecho de muerte. Por macabro que suene, es la mejor manera de tener una idea clara de qué esperas de la vida ahora mismo.

- A continuación, piensa en el futuro a medio plazo. Reflexiona sobre qué quieres celebrar dentro de un año. Y pregúntate: «¿Cómo afecta esta celebración dentro de doce meses a mis acciones esta semana?».

- Por último, deberías poder pensar en tu futuro a corto plazo. Porque la buena noticia es que puedes dar un paso para alinearte ahora mismo. ¿Qué tres acciones puedes llevar a cabo hoy que te acerquen un pasito a la vida que quieres tener dentro de un año?

PARA ACABAR: PIENSA COMO UN CIENTÍFICO DE LA PRODUCTIVIDAD

Mi departamento está a diez minutos caminando de uno de los hospitales más grandes de Londres. Hay días que, cuando no soy capaz de concentrarme como me gustaría, salgo a caminar sin rumbo en dirección este, entre la multitud que llena las tiendas de Oxford Street, dejo atrás los edificios victorianos de Marylebone, y llego a su entrada moderna y cavernosa. Me compro un café en la recepción y dedico unos minutos a observar a los médicos ir de un lado a otro por los pasillos. Y pienso en lo mucho que ha cambiado todo desde aquel terrible turno del día de Navidad, cuando se me cayó la bandeja de instrumental.

Al ver a esos médicos vestidos con sus pijamas verdes, que generalmente parecen menos estresados de lo que yo recuerdo que era aquel trabajo, pienso en lo mucho que he aprendido desde aquel día. Cuando recuerdo aquella tarde catastrófica, mi primer turno en festivo en el hospital, soy capaz de ver que mi error no residía en mi opinión sobre la productividad, sino en mi forma de abordarla.

En aquella época hacía mal todas las cosas básicas. En lugar de ver la productividad de una forma que me hiciera sentir bien, lo hacía en términos de disciplina, de cuánto podía presionarme para hacer más. En lugar de intentar integrar juego, poder y personas en cada turno, me ponía catastrofista con mi sensación de aburrimiento, impotencia y soledad. En lugar de intentar encontrar la alegría en aquella evacuación manual imprevista, me pasé horas dándole vueltas a lo horrible que iba a ser. (Y la verdad es que fue muy horrible).

En los años que han pasado desde entonces mi vida ha cambiado por completo. He aprendido que la productividad no se trata de disciplina, sino de hacer más cosas que te hacen sentir más felicidad, menos estrés y con más energía. Y yo sé que la única forma de evitar la procrastinación y el desgaste es encontrar alegría en tu situación, aunque te acabes de derramar 136 frascos de medicamento pegajoso por encima.

Sin embargo, mi auténtico error no fueron mis tácticas de productividad. Fue mi estrategia global. Yo creía que bastaba aprenderse todos los trucos de productividad y leer todos los blogs para alcanzar lo que quería, y lo que necesitaba era precisamente el abordaje contrario: aprender a pensar como un científico de la productividad.

Por eso quería que la última herramienta de mi libro fueran esos experimentos de alineamiento. Porque, a largo plazo, la única manera de llegar a aprender los secretos de la productividad feel good es adoptar un enfoque experimental. En este libro compartí contigo unas pocas decenas de experimentos que a mí me han funcionado. Algunos también te funcionarán a ti. Otros no. Y no pasa nada.

Recuerda que este libro no es una lista de tareas. Es una filosofía: una forma de crear tu propia caja de herramientas de productividad personalizada que te permita recoger los magníficos frutos que conlleva sentirse bien todos los días y a largo plazo. Y que también te permita abordar tus proyectos y tareas cotidianos con espíritu de experimentación.

Así que te animo a probar tantas cosas como puedas, ver qué funciona y descartar el resto. Cada vez que pruebes un nuevo abordaje, pregúntate: «¿Cómo afecta a mi estado de ánimo? ¿Y a mi energía? ¿Y a mi productividad?». No aprendas como un loro el método de la productividad feel good. Experimenta a tu manera.

En última instancia, solo evaluando constantemente qué cosas te funcionan llegarás a descubrir cómo sentirte mejor a largo plazo. La productividad es un campo en evolución y tú también cambias con el tiempo. Aún queda mucho que descubrir. Aun así, si aplicas esto a tu vida, descubrirás los principios, las estrategias y las técnicas que mejor te funcionan. Puede que te resulten más útiles que las mías, sobre todo porque habrán salido de ti.

No te lances a la productividad feel good aprendiendo las cosas como un loro. Experimenta a tu manera.

Disfruta del proceso. Y, a medida que avances, recuerda que no aspiras a la perfección, sino a aplicar una estrategia para llegar a descubrir qué te funciona, aprendiendo del fracaso y celebrando los éxitos y haciendo que tu trabajo deje de ser una forma de agotar tus recursos para convertirse en una fuente de energía.

Es una actitud difícil de adoptar, pero una vez que lo haces, todo cambia. Si das con las cosas que te hacen sentir más energía y vitalidad, llegarás a donde quieras. Y también puedes disfrutar del viaje.

Espero impaciente ver a dónde te llevan tus aventuras.

Ali xx

El siguiente paso de tu viaje...

Como agradecimiento por acabar de leer este libro, aquí tienes un obsequio de mi parte para que te ayude en la siguiente fase de tu viaje hacia la productividad feel good (contenido solo disponible en inglés) ♥

www.feelgoodproductivity.com/gift

AGRADECIMIENTOS

En primer lugar, quiero hacerte llegar mi más caluroso agradecimiento a ti, que me lees, por elegir este libro. Da igual si has hecho clic alguna vez o no en mi blog, has visto alguno de mis videos, me has escuchado, me has leído, me has dado un me gusta, has puesto un comentario en mis publicaciones, te has suscrito o te has limitado a mirar desde 2017; todas las interacciones son un regalo. Que hayas prestado atención a lo que he publicado es lo más importante del mundo para mí y me permite ganarme la vida con lo que más me gusta: aprender cosas chulas y compartirlas con el mundo.

Y ahora tengo una larga lista de gente a la que dar las gracias. Los libros, como todas las cosas buenas de la vida, son un trabajo en equipo. Aunque generalmente solo aparece un nombre en la portada, detrás de cada uno de ellos hay todo un gran grupo de personas. Y yo estoy encantado de afirmar que el equipo que ha trabajado en *Productividad Feel Good* ha sido totalmente extraordinario.

Empezando por Rowan Borchers, nuestro editor en Cornerstone Press, Penguin Random House. Rowan, el primer correo electrónico que me mandaste fue la chispa que puso en marcha todo esto. Durante los últimos tres años y un poco más has sido un pilar inquebrantable de apoyo, experto en todas las facetas necesarias (técnica, logística, literaria y, sobre todo, emocional) para hacer realidad *Productividad Feel Good.*

Después está Ryan Doherty, nuestro editor en Celadon Books, un sello de Macmillan Publishers. Ryan, tú apostaste por este proyecto y te convertiste en nuestro valedor en Norteamérica. El libro no habría sido el mismo sin tu impulso.

Rachel Jepsen, otra magnífica editora: gracias por volcar tus años de experiencia para ayudarme. Me has enseñado tanto sobre cómo escribir que no podría estar más agradecido. Tus amables codazos contribuyeron a que me pusiera las pilas y tus esporádicos gestos de amor duro tampoco me sentaron mal. Aún recuerdo cuando me preguntaste: «¿Estás seguro de que escribir este libro es prioritario para ti? Porque, viendo tu agenda, no lo parece...». En mitad de la locura que lo envuelve todo en este negocio, tu compromiso con el proyecto mantuvo la inercia. Y el libro es increíblemente mejor gracias a tu implicación.

Y no olvidemos a Kate Evans, mi extraordinaria agente. Kate, tus ánimos y tus críticas han sido faros en la oscuridad. Nuestras conversaciones me recargaron las pilas justo cuando empezaban a agotarse.

A su lado está un miembro clave de mi equipo, Ines Lee, que ha sido la impresionante documentalista del proyecto mientras atendía sus responsabilidades como investigadora en la Universidad de Cambridge y lectora en la Universidad de York. Ines, tu capacidad para sintetizar una gigantesca biblioteca de evidencias científicas es simple y llanamente increíble. Y la calidad de tu trabajo, no solo en este libro, sino también en nuestros pódcast y videos, no deja de maravillarme.

Luego está Jack Edwards, cuya investigación fue clave en los primeros estadios de este libro. Jack, valoro mucho tu compromiso, aún más teniendo en cuenta que estabas, al mismo tiempo, escribiendo tu propio libro, haciendo crecer tu empresa y un floreciente imperio en redes sociales. Tus aportaciones en la elaboración del índice de este libro sentaron las bases para todo lo que vino después.

¿Y cómo olvidar a Lauren Razavi? Puede que nuestra conexión se diera de forma casual con un mensaje directo en Twitter, pero su influencia ha sido enorme. Lauren, muchísimas gracias por tus consejos de escritura a lo largo de todo el camino, así como por presentarme a Kate Evans y Rachel Jepsen. Fue una conexión fortuita que ha modelado significativamente la trayectoria de este libro.

Azul Terronez, mi *coach* de escritura, tus palabras fueron una cuerda a la que aferrarme durante las primeras fases del proyecto. Frases como «Desde dentro de la botella no se puede leer la etiqueta» me guiaron durante mis primeros ataques del síndrome del impostor y me ayudaron a lanzarme a este viaje que es la escritura. Y no pasemos por alto tu mejor consejo: «No pasa nada por ser un guía en vez de un gurú», una idea que al final ha acabado formando parte del libro.

David Moldawer, tu amor duro en la fase preliminar fue exactamente lo que necesitaba este proyecto. Que criticaras la propuesta original me obligó a definir claramente cuál era el mensaje central del libro. Un aplauso para mi amigo y colega escritor Hasan Kubba, cuyas aportaciones en distintas lluvias de ideas fueron esenciales y contribuyeron a dar forma a la narrativa general del libro. Y, claro está, tenemos al increíble Stefan Kunz, el ilustrador que hizo que todos nuestros diagramas destaquen del fondo. Stefan, tu toque artístico dio a los elementos visuales de este libro la fineza que merecían.

También quería transmitir mi más profunda gratitud a los campeones no reconocidos de esta aventura: los incansables equipos de Cornerstone y Celadon. En primer lugar, un agradecimiento enorme al equipo de Cornerstone: Alice Dewing, Etty Eastwood, Sarah Ridley, Margarita Suntzeva, Anouska Levy, Rose Waddilove y Ebyan Egal, así como a todas las personas que trabajan entre bambalinas.

Y un reconocimiento igual de sentido al equipo de Celadon: Deb Futter, Rachel Chou, Jennifer Jackson, Jaime Noven, Anna Belle Hindenlang, Christine Mykityshyn, Liza Buell, Faith Tomlin, Erin Cahill, Anne Twomey y Rebecca Ritchey. Su incesante esfuerzo ha sido clave para convertir *Productividad Feel Good* en lo que es hoy. Por último, gracias a Harry Haydon por la asombrosa cubierta.

Y gracias a Alex Rayment y Lesley Wood, nuestros increíbles productores de audio en ID Audio, en Londres, por ayudarnos a crear el audiolibro con tanta clase y buen humor.

En los años que dediqué a escribir este libro comprendí que el mundo literario es una comunidad cariñosa y sana que aportó muchas cosas buenas a *Productividad Feel Good.* Un saludo especial a otros autores, creadores, emprendedores o sencillamente individuos muy simpáticos como Matthew Dicks, Derek Sivers, Ryan Holiday, Cal Newport, James Clear, Mark Manson, Julie Smith, Tiago Forte, Noah Kagan, John Zeratsky, Lawrence Yeo, Charlie Houpert, Nicolas Cole, Scott Young, Nir Eyal, Anne-Laure Le Cunff, Pat Flynn, Khe Hy y August Bradley. Su sabiduría colectiva, ya llegara en forma de resúmenes de libros, revisiones del manuscrito, estrategias de *marketing*, llamadas por Zoom o sencillamente un poco de ánimos como los de toda la vida, han sido invaluables. Gracias por ver algo en mí, por sacar tiempo de sus apretadas agendas para echarme una mano.

Y, por supuesto, está mi equipo: la gente que trabaja conmigo día tras día para crear contenido inspirador y educativo que ayude a nuestros lectores, espectadores y oyentes a construir la vida que desean.

En primer lugar, Angus Parker, mi director general y la persona en quien confío para mantener el rumbo del negocio. Angus, has sido una máquina siempre en funcionamiento que mantuvo el engranaje de la empresa bien lubricado mientras yo me escondía en la proverbial cueva a leer y escribir. Sin ti al frente de las operaciones del día a día yo no habría tenido el espacio mental para comprometerme a fondo con este proyecto.

Bhav Sharma y Dan Anderton han sido mis ayudantes en distintos momentos: gracias por ordenar el caos de mi vida personal y profesional. Su aportación me ha facilitado mucho actuar en este circo de tres pistas.

Y mi más sincero agradecimiento al resto de mi entregado equipo: Tintin, Becky, Amber, Gareth, Jakub, Alison, Adi, Saf y el increíble equipo de *freelancers* que también nos ayudan. Sin su duro trabajo colectivo e ingenio creativo no habríamos llegado ni la mitad de lejos. Gracias también a Calum Worsley, Paul Tern, Sheen Gurrib, Ahmed Zadi, Pablo Simko, Elizabeth Filips y Corey Wilks; mi más sincero agradecimiento a todos por sus valiosos comentarios en las primeras fases del trabajo.

No puedo dejar de mencionar a mi apoyo emocional a lo largo de gran parte de este viaje, Izzy Sealey. Tu constante apoyo emocional y a mi escritura fueron vitales, al igual que tu habilidad para hacer lluvia de ideas conmigo para escribir los capítulos más complicados. Fuiste la voz de la razón y, más de una vez, la motivación que me mantuvo al pie del cañón.

Un saludo especial a mi hermano Taimur Abdaal y a mi cuñada Lucia Coulter, que aguantaron mi desorganización y energía turbulenta, sobre todo durante ese último año en el que vivimos juntos. Su paciencia fue más allá de lo que se puede esperar de la familia y su generosidad me salvó cuando estaba ya a punto de terminar de escribir el libro.

Pero, por supuesto, nada de esto habría sido posible sin el amor y el apoyo de mi familia. Mi abuela Nani, que me enseñó a hablar inglés y me inculcó la pasión por aprender, merece una mención especial. Tu inspiración, amor y ánimo infinitos han sido los pilares sobre los que se sostiene gran parte de mi vida.

Y por último, pero no por ello menos importante, mi madre, Mimi: una madre soltera que cambió de lugar de residencia varias veces para darnos a Taimur y a mí una educación excepcional. Tus sacrificios, tu ética del trabajo y tu amor incondicional son la base de todo lo que hago.

NOTAS

1. Isen, A. M., Daubman, K. A. y Nowicki, G. P., «Positive affect facilitates creative problem solving», *Journal of Personality and Social Psychology,* 52(6), pp. 1122-1131, 1987.

2. Por ejemplo, ver Fredrickson, B. L. y Branigan, C., «Positive emotions broaden the scope of attention and thought-action repertoires», *Cognition & Emotion,* 19(3), pp. 313-332, 2005.

3. Consulta esta entrada de blog (en inglés) para un resumen general sobre las cuatro hormonas del bienestar: Sethi, C. y Anchal, S., «Happy chemicals and how to hack them», <https://classicfitnessgroup.com/blog/happy-chemicals-and-how-to-hack-them>, 2021.

4. Este estudio de Shelley Taylor fue uno de los primeros en demostrar los efectos biológicos negativos de las emociones. Taylor, S. E., «Asymmetrical effects of positive and negative events: the mobilization-minimization hypothesis», *Psychological Bulletin,* 110(1), pp. 67-85, 1991.

5. Lyubomirsky, S., King, L. y Diener, E., «The benefits of frequent positive affect: does happiness lead to success?», *Psychological Bulletin,* 131(6), pp. 803-855, 2005.

6. Historia basada en Feynman, R. P., *Surely You're Joking, Mr Feynman! Adventures of a Curious Character,* Vintage, 1992. (Traducido al español como *¿Está usted de broma, Sr. Feynman?,* Alianza Editorial, 2017).

7. Maurois, A., *The Life of Sir Alexander Fleming,* Jonathan Cape, 1959. (Traducido al español como *La vida de Sir Alexander Fleming,* Plaza y Janés, 1971).

8. Andre Geim y Konstantin Novoselov, citados en Bateson, P. y Martin, P., *Play, Playfulness, Creativity and Innovation,* Cambridge University Press, 2013.

9. Petelczyc, C. A., Capezio, A., Wang, L., Restubog, S. L. D. y Aquino, K., «Play at Work: An Integrative Review and Agenda for Future Research», *Journal of Management,* 44(1), pp. 161-190, 2018.

10. Heller, A. S., Shi, T. C., Ezie, C. E. C., Reneau, T. R., Baez, L. M., Gibbons, C. J. y Hartley, C. A., «Association between real-world experiential diversity and positive affect relates to hippocampal-striatal functional connectivity», *Nature Neuroscience,* 23(7), pp. 800-804, 2020.

11. Brown, S. L., *Play: How it Shapes the Brain, Opens the Imagination, and Invigorates the Soul,* Penguin, 2009. (Traducido al español como *¡A jugar! La forma más efectiva de desarrollar el cerebro, enriquecer la imaginación y alegrar el alma,* Urano, 2010).

12. Ver <www.nifplay.org/what-is-play/play-personalities/> (en inglés).

13. Gruber, M. J., Gelman, B. D. y Ranganath, C., «States of curiosity modulate hippocampus-dependent learning via the dopaminergic circuit», *Neuron,* 84(2), pp. 486-496, 2014.

14. Isaacson, W., *Leonardo da Vinci,* 2017.

15. Zaborney, M., «Jaak Panksepp: 1943-2017», *The Blade,* 20 de abril de 2017, disponible en línea (en inglés) en: <https://www.toledoblade.com/Deaths/2017/04/20/Jaak-Panksepp-1943-2017-BGSU-researcher-recognized-for-work-with-emotions-brain.html>.

16. Ver (en inglés): <https://www.health.harvard.edu/mind-and-mood/dopamine-the-pathway-to-pleasure#:~:text=Dopamine%20can%20provide%20an%20intense,or%20a%20%22dopamine%20rush.%22>.

17. Klein, Z. A., Padow, V. A. y Romeo, R. D., «The effects of stress on play and home cage behaviors in adolescent male rats», *Developmental Psychobiology,* 52(1), pp. 62-70, 2010.

18. Tegano, D. W., Sawyers, J. K. y Moran, J. D., «Problem-finding and solving in play: the teacher's role», *Childhood Education,* 66(2), pp. 92-97, 1989.

19. Mukerjee, J. y Metiu, A., «Play and psychological safety: an ethnography of innovative work», *Journal of Product Innovation Management,* 39(3), pp. 394-418, 2021.

20. Puedes ver la magnífica charla TED de Mark, titulada «The Super Mario Effect» («El efecto Super Mario») (en inglés) en <https://www.youtube.com/watch?v=mCLJBTz9I6U>.

21. Hastings, R. y Meyer, E., *No Rules Rules: Netflix and the Culture of Reinvention,* Penguin, 2020 (traducido como *Aquí no hay reglas: Netflix y la cultura de la reinvención,* Conecta, 2020) y Randolph, M., *That Will Never Work: The Birth of Netflix and the Amazing Life of an Idea,* Endeavour, 2019 (traducido como *Eso nunca funcionará. El nacimiento de Netflix y el poder de las grandes ideas,* Planeta, 2019).

22. McCord, P., *Powerful: Building a Culture of Freedom and Responsibility,* 2018.

23. Hu, L., Motl, R. W., McAuley, E. y Konopack, J. F., «Effects of self-efficacy on physical activity enjoyment in college-aged women», *International Journal of Behavioral Medicine,* 14(2), pp. 92-96, 2007.

24. Bandura, A., «Self-efficacy: toward a unifying theory of behavioral change», *Advances in Behavior Research and Therapy,* 1(4), pp. 139-161, 1978.

25. Stajkovic, A. D. y Luthans, F., «Self-efficacy and work-related performance: a meta-analysis», *Psychological Bulletin,* 124(2), pp. 240-261, 1998.

26. Blanchfield, A. W., Hardy, J., De Morree, H. M., Staiano, W. y Marcora, S. M., «Talking yourself out of exhaustion: the effects of self-talk on endurance performance», *Medicine & Science in Sports & Exercise,* 46(5), pp. 998-1007, 2014.

27. Harrison, M. B. y McGuire, F. A., «An investigation of the influence of vicarious experience on perceived self-efficacy», *American Journal of Recreation Therapy,* 7(1), pp. 10-16, 2008.

28. Bandura, A., Adams, N. E. y Beyer, J., «Cognitive processes mediating behavioral change», *Journal of Personality and Social Psychology,* 35(3), pp. 25-139, 1977.

29. Chase, C. C., Chin, D. B., Oppezzo, M. A. y Schwartz, D. L., «Teachable agents and the Protégé effect: increasing the effort towards learning», *Journal of Science Education and Technology,* 18, pp. 334-352, 2009.

30. También denominado «aprendizaje por enseñanza», fue desarrollado por Jean-Pol Martin en la década de 1980. Ver: Stollhans, S., «Learning by teaching: developing transferable skills», en Corradini, E., Borthwick, K. y Gallagher-Brett, A. (eds.), *Employability for Languages,* Research-publishing.net, 2016, pp. 161-164.

31. Kristensen, P. y Bjerkedal, T., «Explaining the relation between birth order and intelligence», *Science,* 316(5832), p. 1717, 2007.

32. La teoría de la autodeterminación es una teoría marco sobre qué motiva a los seres humanos. La desarrollaron los psicólogos Edward Deci y Richard Ryan en su influyente trabajo *Intrinsic Motivation and Self-Determination in Human Behavior,* publicado en 1985.

33. Leah Stephens (8 de junio de 2016). Este usuario de Reddit afirma haber automatizado su trabajo durante seis años. Al final fue despedido y se olvidó de programar. *Ingeniería interesante,* disponible en línea (en inglés): <http://interestingengineering.com/culture/programmer-a utomatesjob-6-years-boss-fires-finds>.

34. Nanakdewa, K., Madan, S., Savani, K. y Markus, H. R., «The salience of choice fuels independence: implications for self- perception, cognition, and behavior», *Proceedings of the National Academy of Sciences,* 118(30), e2021727118, 2021.

35. Ver (en inglés): <https://oxford-review.com/oxford-review-encyclopaedia-terms/relational-energy-what-it-is-and-why-it-mattersto-organisations/>.

36. Cross, R., Baker, W. y Parker A., «What creates energy in organizations?», *MIT Sloan Management Review,* 44(4), pp. 51-56, 2003.

37. Carr, P. B. y Walton, G. M., «Cues of working together fuel intrinsic motivation», *Journal of Experimental Social Psychology,* 53, pp. 169-184, 2014.

38. Good, A., Choma, B. y Russo, F. A., «Movement synchrony influences intergroup relations in a minimal groups paradigm», *Basic and Applied Social Psychology,* 39(4), pp- 231-238, 2017.

39. Luks, A. y Payne, P., *The Healing Power of Doing Good,* iUniverse, 2001.

40. Ver (en inglés): <https://www.ushistory.org/franklin/autobiography/ page48.htm>.

41. Roghanizad M. M. y Bohns V. K., «Ask in person: you're less persuasive than you think over email», *Journal of Experimental Social Psychology,* 69, pp. 223-226, 2017.

42. Gable, S. L. y Reis, H. T., «Good news! Capitalizing on positive events in an interpersonal context», *Advances in Experimental Social Psychology,* 42, pp. 195-257, 2010.

43. Gable, S. L., Gonzaga, G. C. y Strachman, A., «Will you be there for me when things go right? Supportive responses to positive event disclosures», *Journal of Personality and Social Psychology,* 91(5), pp. 904-917, 2006.

44. Feldman, R. S., Forrest, J. A. y Happ, B. R., «Self-presentation and verbal deception: do self-presenters lie more?», *Basic and Applied Social Psychology,* 24(2), pp. 163-170, 2002.

45. Scott, K., *Radical Candor: Be a Kick-Ass Boss Without Losing Your Humanity,* St. Martin's Press, 2019 (traducido como *Franqueza radical. Consigue lo que quieres diciendo lo que piensas,* Península, 2024).

46. Puedes verlo aquí (en inglés): <https://www.youtube.com/watch?v=lsSC2vx7zFQ]>.

47. Blaschka, A., «You're not lazy; you're scared: how to finally stop procrastinating», *Forbes,* 9 de noviembre de 2022, disponible en línea (en inglés): <https://www.forbes.com/sites/amyblaschka/2021/04/03/youre-not-lazy-youre-scared-how-to-finally-stop-procrastinating/?sh=2753ed526dab>.

48. Para saber más sobre la Escala de Intolerancia a la Incertidumbre (en inglés), consultar <www.psychologytools.com/resource/intolerance-of-uncertainty/#:~:text=Intolerance%20of%20uncertainty%20involves%20the,about%20what%20will%20happen%20next>.

49. Grupe, D. W. y Nitschke, J. B., «Uncertainty and anticipation in anxiety: an integrated neurobiological and psychological perspective», *Nature Reviews Neuroscience,* 14, pp. 488-501, 2013.

50. Para más información (en inglés) sobre la idea de *auftragstaktik* ver <https://smallwarsjournal.com/jrnl/art/how-germans-defined-auftragstaktik-what-mission-command-and-not>.

51. Storlie, C., «Manage uncertainty with commander's intent», *Harvard Business Review, 3* de noviembre de 2010.

52. Höpfner, J. y Keith, N., «Goal missed, self hit: goal-setting, goal-failure, and their affective, motivational, and behavioral consequences», *Frontiers in Psychology,* 12, p. 704970, 2021.

53. Ordóñez, L. D., Schweitzer, M. E., Galinsky, A. D. y Bazerman, M. H., «Goals gone wild: the systematic side effects of over-prescribing goal setting», *Academy of Management Perspectives,* 23(1), pp. 6-16, 2009.

54. Klein, G., «Performing a project premortem», *Harvard Business Review,* 85(9), pp. 18-19, 2007.

55. Burkeman, O., *Four Thousand Weeks,* Vintage, 2022. (Traducido como *Cuatro mil semanas. Gestión del tiempo para mortales,* Planeta, 2022).

56. Gollwitzer, P. M. y Sheeran, P., «Implementation intentions and goal achievement: a meta-analysis of effects and processes», *Advances in Experimental Social Psychology,* 38, pp. 69-119, 2006.

57. Kircanski, K., Lieberman, M. D. y Craske, M. G., «Feelings into words: contributions of language to exposure therapy», *Psychological Science,* 23(10), pp. 1086-1091, 2012.

58. Puedes leer más información (en inglés) sobre la teoría de las etiquetas aquí: <https://www.simplypsychology.org/labeling-theory.html>.

59. El *LA Times* contó la historia de Peter DeLeo aquí (en inglés): <https://www.latimes.com/archives/la-xpm-1994-12-10-me-7204-story.html>.

60. Ver (en inglés): <www.bps.org.uk/psicólogo/supervivencia-psicología-live>.

61. McRae, K., Ciesielski, B. y Gross, J. J. «Unpacking cognitive reappraisal: goals, tactics, and outcomes», *Emotion,* 12(2), pp. 250-255, 2012.

62. Ver (en inglés): <www.mirror.co.uk/3am/celebrity-news/beyonc-create-alter-ego-sasha-27894824>.

63. Ver (en inglés): <adele.fandom.com/wiki/Sasha_Carter>.

64. El efecto bajo el foco fue descrito por los psicólogos sociales Thomas Gilovich, Victoria Husted Medvec y Kenneth Savitsky, que llevaron a cabo una serie de experimentos a finales de la década de 1990 y principios de la del 2000 para investigar hasta qué punto creen los individuos que los demás se fijan en sus acciones y su aspecto y los evalúan. En uno de esos estudios pidieron a los participantes que se pusieran camisetas llamativas o que les dieran vergüenza y que después hicieran una estimación de cuántas personas del grupo se habían fijado en ellas. Los resultados fueron consistentes y hallaron que los participantes sobreestimaban mucho el número de observadores. Ver Gilovich, T., Medvec, V. H. y Savitsky, K., «The spotlight effect in social judgment: an egocentric bias in estimates of the salience of one's own actions and appearance», *Journal of Personality and Social Psychology,* 78(2), pp. 211-222, 2000.

65. White, R. E., Prager, E. O., Schaefer, C., Kross, E., Duckworth, A. L. y Carlson, S. M., «The 'Batman Effect': improving perseverance in young children», *Child Development,* 88(5), pp. 1563-1571, 2017.

66. Huitink, M., Poelman, M. P., Van den Eynde, E., Seidell, J. C. y Dijkstra, S. C., «Social norm nudges in shopping trolleys to promote vegetable purchases: a quasi-experimental study in a supermarket in a deprived urban area in the Netherlands», *Appetite,* 151, p. 104655, 2020.

67. Puedes leer la transcripción de la entrevista de Tim Ferriss a Matt Mochary (en inglés) aquí: <tim.blog/2023/03/03/matt-mochary-transcript/>.

68. Entrevisté al doctor Pychyl en mi pódcast *Deep Dive* en 2022. Consulta la entrevista (en inglés) aquí: <aliabdaal.com/podcast/tim-pychyl/>.

69. Puedes consultar una lista de la obra de Brandon Sanderson aquí: <https://es.wikipedia.org/wiki/Anexo:Bibliograf%C3%ADa_de_Brandon_Sanderson>.

70. Brandon Sanderson habla de sus objetivos de escritura aquí (en inglés): <faq.brandonsanderson.com/knowledge-base/what-is-yourdaily-wordcount-time-goal/>.

71. Harkin, B., Webb, T. L., Chang, B. P. I., Prestwich, A., Conner, M., Kellar, I., Benn, Y. y Sheeran, P., «Does monitoring goal progress promote goal attainment? A meta-analysis of the experimental evidence», *Psychological Bulletin,* 142(2), pp. 198-229, 2016.

72. Wohl, M. J. A., Pychyl, T. A. y Bennett, S. H., «I forgive myself, now I can study: how self-forgiveness for procrastinating can reduce future procrastination», *Personality and Individual Differences,* 48(7), pp. 803-808, 2010.

73. Ver (en inglés): <www.who.int/news/item/28-05-2019-burn-out-an-occupational-phenomenon-international-classification-of-diseases>.

74. Ver el discurso de Steve Jobs (en inglés) aquí: <https://www.youtube.com/watch?v=H8eP99neOVs&ab_channel=Erin%27Folletto%27Casali>.

75. Para saber más sobre el libro de Derek Sivers (en inglés), consulta <https://sive.rs/n>.

76. Funt, J., *A Minute to Think: Reclaim Creativity, Conquer Busyness, and Do Your Best Work,* Harper Business, 2021.

77. Adler, R. F. y Benbunan-Fich, R., «Juggling on a high wire: multitasking effects on performance», *International Journal of Human-Computer Studies,* 70(2), pp. 156-168, 2012.

78. Lengel, D., «I've decided to reclaim my life – by using an old Nokia phone», *The Guardian,* 31 de marzo de 2018, disponible en línea (en inglés) en <www.theguardian.com/lifeandstyle/2018/mar/31/nokia-3310-t9-phone-smartphone-iphone-reclaim-life>.

79. Tyler, J. M. y Burns, K. C., «After depletion: the replenishment of the self's regulatory resources», *Self and Identity,* 7(3), pp. 305-321, 2008.

80. La autorregulación se refiere al proceso mediante el cual los individuos gestionan los propios pensamientos, sentimientos y comportamientos para alcanzar objetivos personales. Esto implica una amplia gama de habilidades como el control de impulsos, la demora de la gratificación, la gestión de las reacciones emocionales y la concentración en las tareas. Ver (en inglés) <https://positivepsychology.com/self-regulation/>.

81. Puedes descargar el informe del OED (en inglés) aquí: <languages.oup.com/word-of-the-year/2020/>.

82. Eschleman, K. J., Madsen, J., Alarcon, G. y Barelka, A., «Benefiting from creative activity: the positive relationships between creative activity, recovery experiences, and performance-related outcomes», *Journal of Occupational and Organizational Psychology,* 87(3), pp. 579-598, 2014.

83. Ulrich, R. S., «View through a window may influence recovery from surgery», *Science,* 224(4647), pp. 420-421, 1984.

84. Lee, K. E., Williams, K. J. H., Sargent, L. D., Williams, N. S. G. y Johnson, K. A., «40-second green roof views sustain attention: the role of micro-breaks in attention restoration», *Journal of Environmental Psychology,* 42, pp. 182-189, 2015.

85. Sona, B., Dietl, E. y Steidle, A., «Recovery in sensory-enriched break environments: integrating vision, sound and scent into simulated indoor and outdoor environments», *Ergonomics,* 62(4), pp. 521-536, 2019.

86. Johansson, M., Hartig, T. y Staats, H., «Psychological benefits of walking: moderation by company and outdoor environment», *Applied Psychology: Health and Well-Being,* 3(3), pp. 261-280, 2011.

87. Para un estudio pionero sobre la red neuronal por defecto (en inglés), ver Raichle, M. E., MacLeod, A. M., Snyder, A. Z., Powers, W. J., Gusnard, D. A. y Shulman, G. L., «A default mode of brain function», *Proceedings of the National Academy of Sciences,* 98(2), pp. 676-682, 2001.

88. Sheldon, K. M., «Going the distance on the Pacific Crest Trail: the vital role of identified motivation», *Motivation Science,* 6(2), pp. 177-181, 2020.

89. Sheldon, K. M., Osin, E. N., Gordeeva, T. O., Suchkov, D. D. y Sychev, O. A., «Evaluating the dimensionality of self-determination theory's relative autonomy continuum», *Personality and Social Psychology Bulletin,* 43(9), pp. 1215-1238, 2017.

90. Lykins, E. L. B., Segerstrom, S. C., Averill, A. J., Evans, D. R. y Kemeny, M. E., «Goal shifts following reminders of mortality: reconciling posttraumatic growth and terror management theory», *Personality and Social Psychology Bulletin,* 33(8), pp. 1088-1099, 2007.

91. Este relato es de la maravillosa historia de Leigh Penn, que se puede leer aquí (en inglés): <medium.com/inspired-writer/the-most-powerfulwriting-exercise-i-did-at-stanford-c59ba6a6fa93>.

92. Puedes consultar la descripción del curso (en inglés) aquí: <https://law.stanford.edu/nl-course/lives-of-consequence-howindividuals-create-happy-meaningful-and-successful-lives/>.

93. Burnett, B. y Evans, D., *Designing Your Life: How to Build a Well-Lived, Joyful Life,* Vintage Digital, 2016. (Traducido al español como *Design de vida,* Macro, 2018).

94. Miyake, A., Kost-Smith, L. E., Finkelstein, N. D., Pollock, S. J., Cohen, G. L. e Ito, T. A., «Reducing the gender achievement gap in college science: a classroom study of values affirmation», *Science,* 330(6008), pp. 1234-1237, 2010.

95. Sutton, A., «Living the good life: a meta-analysis of authenticity, well-being and engagement», *Personality and Individual Differences,* 153, p. 109645, 2020.

96. Puedes leer más de este estudio (en inglés) aquí: <https://www.entrepreneur.com/growing-a-business/the-science-behind-baby
steps-how-to-tackle-goals-big-and/245767>.